北の彩時記

アイヌの世界へ

計良光範

Mitsunori Keira

コモンズ

まえがき

国連が定めた「世界の先住民の国際年」(一九九三年)、「世界の先住民の国際一〇年(第一次、第二次)」(一九九四〜二〇一四年)や、国内では「アイヌ文化振興法(略称)」の制定(一九九七年)の影響もあって、アイヌやアイヌ文化について話したり講義する機会が多くなりました。二〇〇七年には「先住民族の権利に関する国際連合宣言」が採択され、日本政府も〇八年に「アイヌ民族を先住民族とすることを求める決議」を受け入れましたから、今後そうした機会がますます増えていくでしょう。

どんな文化もそうであるように、アイヌの文化もアイヌがたどってきた歴史とともに生まれ、変化しながら、今日に至っています。いうまでもなく、それはいつも生活と一体であり、時代や環境に伴う生活の変化がアイヌ文化を多様なものにつくりあげてきました。そして、それはいまも続いています。

ところで、私は話すときに、ともすれば歴史のなかのアイヌ(アイヌ史)に偏りがちになり、物足りなさや不安をしばしば覚えてきました。歴史的に過酷な生を強いられてきたアイヌを知ってほしいという思いと、それだけではアイヌの一部しか知ってもらえないという危惧が、その理由です。そして、こう思っていました。「もっと楽しい世界があるんだよなぁ〜」と。

この本では、そんな楽しい、面白い、意外なエピソードを、季節ごとにまとめてみました。お年寄りから聞いた話であったり、自分の体験であったり、記録に散見することであったり、いろいろです。まとめる過程で、いま私たちのまわりにあるアイヌ文化を拾い集める結果にもなりました。

一九九二年に「ヤイユーカラの森」という小さな集まりをつくり、季節ごとのキャンプや民具の製作講習を続けてきたのは、見聞きするだけでなく、自分の身体を使って、ヤイ・ユーカラ＝自ら・行動する文化を実感してほしいという願いからです。そこに集まる子どももおとなも、ゆったりとアイヌの文化を楽しんでくれれば、時間の壁に閉じ込められていた先人たちの世界や思いが新たに息を吹き返すことになるのではと考えながら……。

「カムイ(神)・アイヌ(人間)・もの」をつないでいるのは霊(こころ)であるという、何百年もの間アイヌの文化(生活)を支えてきた核心を、コンクリートとアスファルトに囲まれた私たちの日常のなかに、少しでも取り戻したいと思います。街中や野山を歩いて出会う動植物や、季節や気候の変化にふれたとき、これまでとは少し違った思いを感じていただけるようになれば幸いです。

もくじ●北の彩時記——アイヌの世界へ

第1章　春……冬の残り香から夏の輝きへ

雪が解けたら……

どこかのテストで「雪が解けたら何になるか?」という質問に対する正解が「春になる」だったと聞いて、何か変だなと思いました。北海道の大部分では、野や山に雪があるうちに春はやってきます。五月の連休に大雪が降ったり、道路が凍ったりすることもありますが、それでも春なのです。「雪が解けたら水になる」が、アイヌにとっては正解です。

「水が凍って氷になる」と考えるのは、暖かい地方で暮らしている人びとなのでしょう。北国に生きてきたアイヌは、「氷が解けたものが水」と考えます。一年の半分以上を氷と雪の中で暮らしてきた民族には、それが自然な考え方だったのです。よく知られているアイヌ料理の「ルイベ」は、「凍った刺身」と説明されています。でも、本来は「ル・イペ=解ける・食べ物」という言葉で、凍った魚や肉を解かしながら食べるものでした。

昔(一九三〇~四〇年ごろまで)のアイヌの家では、近くの川へ水を汲みに行くのは、おもに子どもの役割でした。長く暗い冬の間、夜には川の氷を割って「トゥワッカ・モーシモシ」と呪文を唱え、ひしゃくで水面を叩いてから、氷の混ざった水を汲むのです。それは、水の神様も人間と同じように夜は眠っているので、まず水の神様の目を覚ましてから汲みなさい、ということです。もし水の神様が眠っているときに水を汲むと、他の悪い神様が毒を入れることがある、と信じられていました。これは萱野《かやの》茂さんから聞いた、二風谷《にぶたに》（日高地方）での伝承です。

そうやって汲んできた水を、飲み水や料理に使いました。水は氷や雪が解けて生まれるという考えは、ごく自然ではないでしょうか。

だんだん陽《ひ》が長くなり、日差しが暖かくなってネコヤナギの芽がふくらみ、川の氷が薄くなってくると、あちこちに顔を出した黒い土を割ってフキノトウが薄緑の姿を現します。雪原の片隅にフキノトウを見つけると、子どもたちは摘んで家に帰ります。春一番に食べられる、山菜のトップバッターなのです。アク（苦み）が強いので、茹《ゆ》でて水につけてから味噌汁や吸い物に入れたり、刻んで味噌を混ぜフキ味噌にしたりして、春の香りを味わいます。

アイヌ語では「マカヨ」というフキノトウは、少し遅れて別に生えてくるフキ（蕗）の花の部分にあたります。つまりフキというキク科の植物は、花と葉が別々の茎につくという特性をもっているのです。さらに、雌雄が別に生え、雌花のことを「ピンネ・マカヨ＝男のフキノトウ」、雄花のことを「マッネ・マカヨ＝女のフキノトウ」と反対に呼びます。とても面白いと思いませんか。

イトウの花

フキノトウを追いかけるように、雪を割って咲くのがフクジュソウ(福寿草)。黄金色に輝くこの花が、北の大地に春を告げて最初に咲く花です。食用や薬用にならない花には名前をつけなかったアイヌが、このフクジュソウにはいくつかの名前をつけています。そこには、長い冬ごもりから解放される喜びがこめられているように思います。

たとえば、「チライ・アパッポ」というのは「イトウの花」という意味です。この花が咲きだすとまもなくイトウが川を上ってくるので、この名前がついたのでしょう。

また、樺太《からふと》(いまのサハリン)ではフクジュソウを「トゥトゥテヘ・キナ＝ツツ鳥の食べる実の草」と呼んで、ツツ鳥が鳴くころに実がつく草といっていました。トゥトゥッ!トゥトゥッ!と鳴くというツツ鳥には、樺太アイヌの面白い言い伝えが残されています。ツツ鳥がカッコウより先に鳴く年は豊漁で、後に鳴く年は不漁だというのです。その理由は……。

カッコウとツツ鳥は、夫婦の神です。カッコウが男、ツツ鳥が女で、ふたりは神の国では魚のたくさん棲んでいる家に暮らしています。春、ツツ鳥の食べ物であるフクジュソウが咲くと、女の神が先に家から飛び出して行きます。これを見て男の神が、戸も閉めずにあわてて追いかけるので戸口から魚が逃げ出し、その年は魚がたくさん獲れる。反対に男の神が先に出ると、女の神はていねいに戸を閉めてから追いかけるので魚は家から出られず、その年は不漁になるというのです。

男にとって耳の痛いこの話は、知里真志保《ちりましほ》博士（一九〇九〜一九六一）の『分類アイヌ語辞典・植物編』に載っています。

「チライ・アパッポ」も「トゥトゥテヘ・キナ」も、長い冬の間干した魚を食べて暮らしてきた人びとがフクジュソウが咲くのを見て、新鮮な魚が食べられる季節がきたことを喜ぶ気持ちを正直に表した名前です。

フクジュソウは「クナウ」「クナウ・ノンノ＝クナウの花」とも呼ばれました。クナウの意味はよくわかりませんが、各地に残されたウェペケㇾ（昔話）の主人公が、物語はいろいろあっても「クナウ女神」という美しい女神であることが共通しています。「フクジュソウ色の目」とユーカㇻ（神謡）でも表現され、黄金色に輝いて心に突き刺さってくるような美しさは、春の女神にふさわしいのではないでしょうか。

木の乳

四月。いよいよ春になりました。雪原に降り注ぐ日差しは強く暖かくなり、もうすっかり春の陽気です。小鳥たちはえさを求めて活発に飛びまわり、人家近くにもにぎやかなさえずり声が聞こえてくるようになりました。

明るい日差しを受けながら、子どもたちはすっかり堅くなった雪原を越えて森や林へ行き、イタヤ（イタヤカエデ）の木に刃物で傷をつけ、流れ出てくる樹液を容器に受けて集めます。樹木が活動を始め、樹液がふんだんに分泌されるこの時期は、小さな子どもにも簡単に「ニ・トペ＝木の乳」を集められるのです。

「トペニ＝乳汁の木」と呼ばれるイタヤの樹液は、口に含むとかすかに甘く、昔はこれを溜めて飲んだり、煮つめてシロップを作り、甘みを楽しみました。現在ケーキやパンに使われるメープルシロップと同じものです。メープルシロップといえばカナダが有名で、国旗にカエデの葉が描かれていることからも、森の恵みが生活に深くかかわっている国であることがわかるでしょう。「カナダ」という国名は、先住民の言葉で「村」を指します。

樹液自体は口に入れてかすかに甘みを感じる程度ですから、煮つめてトロリとしたシロップ状にするためには、かなりの時間がかかります。我が家でこれを作ったときは、二〇〇cc の樹液を煮つめて二〇ccになったとき、初めて琥珀《こはく》色のシロップができあがりました。一〇〇分の一にまで煮つめなければならないわけです。カナダの家庭ではドラム缶一杯の樹液を集めて煮つめ、一升瓶一本ぐらいのシロップを作るそうですから、かかる手間と燃料はかなりのものになります。とはいえ、その苦労に値するほど美味しいシロップができあがるのは確かです。

昔のアイヌの子どもたちは、もっと簡単にニ・トペの甘みを楽しみました。イタドリ(竹のような節が茎にある植物)の茎に樹液を入れ、一晩戸外に置くと凍って、アイスキャンデーができあがります。イタドリを割ってそれを取り出し、食べたのです。

イタヤに比べると少し苦みがあるけれど、白樺の樹液も甘みがあり、同じように利用されました。本州では高原や山岳地帯にしかない白樺林が、北海道ではいたるところで見られます。山の斜面がそっくり白樺で覆われていたり、平地に延々と続く白樺林は珍しくありません。

それには理由があって、白樺は典型的な「陽樹」で、日光が当たらなければすぐに枯れてしまう木なのです。しかも、成長が早いので、山火事などで裸地になったところに飛んできた種がいち早く根を下ろし、真っ先に伸びて、他の木が育たないようにしてしまいます。一見、わがままな木のように思われるでしょう。でも、寿命はとても短く、七〇～八〇年の命を終えると朽ちて倒れ、甘い樹液で虫たちを養いながら土を肥やし、肥沃な大地に変えていくのです。世界中のすべてのものにはそれぞれの役割があるということを、考えさせてくれます。

シノ・パイカㇽ

春のことをアイヌ語では「パイカㇽ」といいます。昔のアイヌは、一年を基本的には冬と夏の二つの季節と考え、春は冬の終わりか夏の初めのどちらかに含まれると考えていました。そして、「冬は男の季節」「夏は女の季節」と表現していました。これは、冬は狩猟を中心とした生活になり、男たちがシカやクマを追って野山を駆けまわる季節、夏は山菜を採ったり畑をつくったり、女たちの仕事が中心になって生活が組み立てられる季節だったからです。

「シノ・パイカㇽ＝春の盛り」と呼んだ四〜五月、北海道の野山では花々がいっせいに咲きはじめます。雪解け水で水量が増えてきた沢を山のほうへたどると、やがて一面のお花畑に踏み込んでいきます。

カタクリ、ニリンソウ、エゾエンゴサク、エゾノリュウキンカ、エンレイソウ……もちろんフクジュソウもそこに混ざって、紫・白・青・黄色・ピンクの花たちの絨毯《じゅうたん》です。それらの花の葉や茎の大部分は食用になり、そのまわりにまだ花を咲かせずにいる草たちのかなりは、山菜として食べることができます。毎年五月に行うヤイユーカラの森の春のキャンプでは、いつも二〇〜三〇種類の山菜を採ります。春の野山は、大きな食料庫のようなものなのです。

北海道には張碓《はりうす》や春志内《はるしない》という地名が各地にあります。これは「ハル・ウㇱ（ナイ）＝食料がたくさんある(沢)」という意味で、山菜の種類が多く、豊富に群生する場所につけられた名前です。春に新鮮な野菜を収穫できる大切な場所だったことがわかります。

アイヌ名を「プイ」というエゾノリュウキンカは、別名をヤチブキといいます。名前のとおり、きれいな水のある湿地(谷地)に、フキを細く小さくしたような茎と葉がかたまって生え、てっぺんに黄色の花が群れになっているのを見ると、思わず息が止まってしまうほどの美しさです。

春にはその葉と茎を茹でて、アク抜きをしてから、おひたしのように食べます。夏から秋にかけては、葉と茎が枯れた後の根を探して掘り出し、でんぷんがいっぱいにつまったひげ根を茹でて食べたり、乾燥させて冬のために保存しておきます。

また、根を煎じた液で火傷《やけど》や傷の治療をしたという記録もあるので、アイヌにとっては大切な植物だったようです。「プイ・タ・ウㇱ・ナイ＝プイをいつも掘る沢」や「笛舞《ふえまい》＝プイ・オマプ＝プイのあるところ」のように、「プイ」のつく地名が道内各地に数多くあることからも、それがわかります。

オハウ・キナ

エゾノリュウキンカに続いて花を咲かせはじめるニリンソウも、アイヌにとっては大切な山菜です。フクベラと呼ばれることも多いのですが、アイヌ語では「オハウ・キナ」や「プクサ・キナ」と呼びます。

春にたくさん採って乾燥させ、保存しておき、一年中汁の実として使うのです。とくに、肉汁(シカ、クマ、ウサギなど)にこれを入れるのと入れないのでは美味しさがまったく違うので、「オハウ・キナ＝汁の草」と呼ばれたのでしょう。

ニリンソウは食用として大切なので、春にはどの家でも大量に採り、ゴザなどの上に広げて乾燥させますが、気をつけなければならないことが一つあります。それは、花が咲く前のニリンソウと毒をもつトリカブトの葉は、色と形がそっくりだということです。しかも、生える場所が同じなので、間違えてトリカブトを採ってきて、食べた人が中毒を起こすことがありました。

トリカブトは根に猛毒を含んでいます。昔のアイヌは、秋に根を掘って毒の成分を取り出し、狩りのときに矢の先に塗りつけて、獲物をしとめました。「スㇽク」と呼ばれるトリカブトの毒は、わずかの量でも傷口から身体に入ると、心臓マヒのようなショックを起こしてクマが倒れたというほど強烈だったそうです。

トリカブトは野や山にたくさん生えています。けれども、一八七六(明治九)年「北海道鹿猟規則」が施行され、アイヌが弓を使って行う猟が法律で禁止されたため、だんだんスルクをつくることはなくなりました。

ニリンソウとトリカブトの見分け方を紹介しましょう。春に小さな白い花が咲いているのがニリンソウで、トリカブトは茎が一メートルくらいに伸び、秋に大きな紫の花が咲きます。花が咲いていないときは艶があって少し赤っぽい緑の葉が、トリカブトです。つぼみでもいいから、白い花を確かめると、間違いがありません。

可愛らしい白い花をつけて一面に群生しているニリンソウのなかに、濃緑の葉から鶴の首のように茎を伸ばし、紫の大きな花をつけているのはカタクリ。あまりの美しさに食べる気にはなりませんが、おひたしにすると独特の甘さがあって、美味しい山菜です。

アイヌはカタクリの根からでんぷんを採って食料にしたので、その根に「アシケペッ・ポン・トゥレプ」「エシケ・リムリム」「エシキ・マイマイ」などの名前をつけました。「フレ・エプイ=赤い・花」という名前が古い記録にありますから、カタクリの葉は汁に入れて食べていたようです。根や葉に上質のでんぷん質をもった、貴重な山菜といっていいでしょう。

山菜の王者

北海道の山菜の王者は、ギョウジャニンニクだといって間違いではないでしょう。アイヌ名は「プクサ」。食べて美味しく、薬としては病気やけがなどの万能薬という、貴重な草です。和名の由来は、山で修行をしているお坊さん(行者)が食べて精力をつけたというところからきているのでしょう。名前のとおり、強烈なニンニクの匂いがするので、嫌がる人もいます。とはいえ、味のよさが知られてきた最近では、これだけを探しに山へ行く人もいるくらい、美味しさではナンバー・ワンの山菜です。

伸びて開くとチューリップのようになる葉と茎を、あまり葉が開かないうちに採ってきます。生は、油炒めにしたり焼肉に入れるのが最高です。茹でて、酢味噌あえにしても食べます。どのアイヌの家でも刻んで乾燥させておき、さまざまな料理に使いました。

茎はご飯やおかゆに炊き込んで食べたり、「トマ」というエゾエンゴサクの根や豆といっしょにアザラシやニシンの油で煮て食べました。葉は汁に入れることが多く、身体が温まります。冬には子どもに食べさせて、風邪の予防をしたものです。

食べすぎると身体がほてってくるような気がするくらい強精力をもっているので、薬としてもさまざまに利用されました。結核・肋膜炎・脚気《かっけ》・腎臓病・下痢などには煮た汁を飲み、火傷・凍傷・皮膚炎などには湿布として使うと効果があったといいます。「フラルイ・キナ＝匂いが烈しい・草」という別名があるほど強烈な匂いは魔物も避けると信じられ、病気が流行りだすと家の戸口にぶら下げたり、枕に入れて、病魔を追い出そうとしました。

「魑魅《ちみ》魍魎《もうりょう》」という言葉があります。辞書には「山や川の怪物。さまざまの化け物」とあり、正体の知れない魔物のことをいったようです。

アイヌにとってもっとも恐ろしい魔物は、病気でした。とくに結核・チフス・天然痘などの伝染病は、一人がかかるとコタン(村)が全滅してしまうかもしれない恐ろしいものです。だから、近くのコタンで伝染病が発生したと聞くと、どの家でも戸口に干したギョウジャニンニクを吊るして、病魔が入り込んでくるのを止めようとしました。濃霧のときには、霧といっしょに忍び込もうとする病気の「魑魅魍魎」を追い払うために、ギョウジャニンニクを燃やして、臭い煙を盛んにあげる習慣の地方もありました。

これくらい力のある大切なものでしたから、昔のアイヌの家では、乾燥させたギョウジャニンニクを必ず保存しておいたのです。

カッコウが鳴くと……

春の山菜採りが本格的になってきたころ、人びとはカッコウの鳴く声を心待ちにします。カッコウが鳴いたら、畑に種を播いてもいい時期になったと考えるのです。

フチ(アイヌのおばあさん)は「人間に種を持ってきてくれるのはカッコウだから、カッコウが鳴いてから種播きをするもんだ」と言います。それは、カッコウが鳴くようになれば、霜が降りるほどの寒さに襲われることもない暖かい日々が続くので、種を播いても大丈夫ということを、おばあさんらしい言い方で教えているのでしょう。

カッコウのアイヌ名は、北海道では「カッコク」「カッコン・カムイ」が多く、樺太では「パッコ」「ポホコ」が多かったようです。どちらも鳴き声からつけられた名前であることを考えると、北海道アイヌと樺太アイヌでは鳴き声が違った響きに聞こえたのでしょう。犬の鳴き声が日本では「ワンワン」、アメリカへ行くと「バウワウ」になるのと同じで、地域や民族性の違いを知ることのできる、興味深いケースです。

種播きの時期以外にも、カッコウはいろいろなことを私たちに教えてくれる鳥だと、アイヌの古い伝承は伝えています。そのひとつは、北海道内各地に残っているカッコウの歌によく表れています。

カッコー　　　　　　　カッコー
チコルペッ　チェプ　サク　　里川に魚がいなければ
トシペッ　チェプ　オッ　　　沼川に魚がいるよ
トシペッ　チェプ　サク　　　沼川に魚がいなければ
チコルペッ　チェプ　オッ　　里川に魚がいるよ
カッコー　　　　　　　カッコー

こうして、魚が来たことを教えているというのです。

この魚というのは春マスのことで、マスが川を遡上してくるのをカッコウが教えてくれるのです。ツツ鳥が鳴いてマスの遡上を教えるという地方もあります。いずれも、春になって新鮮な魚を食べられる喜びが、こうした歌になって伝えられたのでしょう。

また、自然の異変や凶事を人間に教えてくれる神としても、各地にさまざまな物語が残っています。「コタンの近くでカッコウが鳴く年は豊作、山奥で鳴く年は凶作」「川のそばで夜鳴くと、大水が出る」「山ばかりで鳴くと、干ばつになる」「夜鳴くと、コタンに変事が起きる」「カッコウが家に入ってくると、暮らしが良くなる」などの言い伝えがあります。

人間が住むコタンの近くにいて、敏感に天然の異変を感じ取ったカッコウが異常な行動をとるのをいち早く認めて身を守った、アイヌの生活の知恵だと思います。

桜前線

春になると、「桜前線」という言葉が全国で使われます。細長い日本列島を、桜の開花日が日を追って南から北へ、等高線の移動のように移っていく様子を表現した言葉です。開花日というのは、気象台が設定した地点の標本木に数輪の花が咲いた日のことで、開花日から一週間くらいで満開になります。札幌管区気象台の発表したある年の北海道内の開花予想は、四月三〇日函館、五月三日札幌、六日旭川、一一日網走、一四日稚内、最後の釧路が一七日でした。北海道内を車で走っていると、咲きはじめや満開、吹雪のように風に舞って散る桜など、いろいろな花景色を楽しむことができます。

同じ年の全国の桜は、一月に咲く沖縄のヒカンザクラ(カンヒザクラ)は別格として、新聞の報道によると、三月二四日の福岡を皮切りに、日本列島を一日ほぼ二〇キロずつ北上。約二カ月かかって北海道の端にまで到達しました。満開の桜を追いかけて、日本列島二カ月の旅というのも、一度やってみたいものです。

北海道では、花々はいっせいに咲きます。梅、桃、桜、コブシなどが同時に咲き競い、北国の春を謳歌するかのように山を埋めているのは見事です。ところが、その美しく咲き誇っている花たちのアイヌ名を探してみると、どれひとつとして名前を見つけられません。

梅や桃の花に名前がないのは、北海道に自生していた木ではないからで納得できますが、桜やコブシの花に名前がないのは意外な感じがします。

桜は、樹皮を「カリンパ」、木を「カリンパニ」、実は「カリンパニ・エプイケ」といいます。それぞれ「桜皮の木」「桜皮の木の実」という意味ですが、花のことはふつう何とも呼びません。つまりアイヌにとっては、桜の木のなかで皮がもっとも重要な存在だったということです。「カリンパ」は「ぐるぐると充分にまわる」という意味で、昔は弓に桜の皮を巻いて丈夫にしたり、刀の鞘《さや》や矢筒にも巻きつけて使いました。

「マウクㇱニ＝香気が通る木」が、コブシの木のアイヌ名で、甘い良い匂いのする樹皮や枝を煎じてお茶のように飲んだところから、つけた名前です。風邪薬としても重宝したそうです。伝染病（とくに天然痘など）が流行っているときには、「良い香りがする」と言えば病魔がその名前に引かれてやってくるからと、わざと「オプケ・ニ＝放屁する・木」と呼び替えたといいます。

花の名前

アイヌのお年寄りに、まわりに咲いている花のアイヌ名を尋ねると、「知らない」と言うか「ノンノ」（あるいはアパッポ）と答えることが多く、どの花についても同じ答えが返ってきます。これは、その花の名前が「ノンノ」というわけではありません。ただ「花」と答えたのであり、その花を特定する名前はないという意味なのです。

花のことをアイヌ語では「ノンノ」と言い、「エプイ」「アパッポ」と呼ぶこともあります。フクジュソウのように、花そのものに名前をつけるのは非常に珍しい例です。アイヌ名をもっている花は、生活のなかで必ず何らかの役割を担っていると考えて間違いありません。だから、花や草、木などの植物につけられたアイヌ名を知ることで、その植物のどの部分が人間の役に立つかを知ることができます。

たとえば、春の湿原に群生するミズバショウ（水芭蕉）の名は、「イソ・キナ＝クマ・草」か「パラ・キナ＝幅広い・草」。冬眠から覚めたクマが腸の中を掃除するための下剤として食べ、人間はその葉を化膿止めや発汗剤として使ったところから、葉の部分につけられました。

歌にもなったクロユリは、「アン・ラ・コㇽ＝黒い・葉・もつ」という、花にちなんだ名前がある数少ないひとつです。その黒い花びらをつぶして染料に使ったので、名前がつけられたのでしょう。さらに、根につく鱗茎《りんけい》を集めて食料にもしました。〈黒百合は恋の花〉と歌われていますが、実際には、花には珍しいくらい嫌な匂いがする花です。

山歩きをする人たちに人気のあるヒトリシズカは、アイヌ名を「エネ・ハムン＝四枚・葉ある」といいます。干した葉をお茶にするので、葉につけられた名前です。同じように人の目を楽しませてくれるエゾエンゴサクは、青い小さな花が群生しているのを見ると、思わず足が止まってしまうほど可憐であるにもかかわらず、根に「トマ」というアイヌ名があるだけです。トマとは、土の中にあって食べられる塊茎《かいけい》の総称ですから、花の美しさとはまったく関係なく命名されていることがよくわかるでしょう。

こうしてみると、アイヌ民族というのは、花の美しさにも気づかぬ、即物的な考え方の民族だったような印象を受けるかもしれません。けれども、それが間違いであるのは、古くから伝わるアイヌ文様が施された着物や身装品、花ゴザや生活用品に織り込まれ、彫り込まれた文様の美しさを見ると、よくわかります。

世界の先住・少数民族がそうであるように、アイヌもまた自分たちと共に生き、変化していく自然の様子や美しさを、自らの手で表現し続けてきたのです。

クマの名前

花には積極的に名前をつけなかったアイヌも、動物には実に多くの名前をつけていました。狩りの獲物として、信仰の対象として、生活に密着する度合いによって、動物につけられた名前の数が違います。知里真志保博士の『分類アイヌ語辞典・動物編』から、いくつか紹介しましょう。

知里博士は、クマのアイヌ語名を八三例も記録しています。いくつかの地域にまたがって採取された名前なので、これほどの数になっていることもありますが、それにしてもかなりの数です。アイヌがクマに寄せた思いの深さを知ることができます。

「カムイ＝神」「キムン・カムイ＝山の神」「ヌプリ・コㇽ・カムイ＝山を支配する神」「メトトゥㇱ・カムイ＝山奥にいる神」「カムイ・エカシ＝長老の神」……。これらは、陸上にいる最大の獣であるクマを神として畏敬した、アイヌの信仰から生まれた名前です。

人間に肉と毛皮を与えてくれる獲物としてのクマは、「シケ・カムイ＝荷物を背負った神＝太ったクマ」「チラマンテㇷ゚＝我ら狩りとるもの」「シ・ユㇰ＝本当の（大きな）獲物」「オク・ユㇰ＝雄グマ」「オトットゥㇱ・カムイ＝乳房のある神＝雌グマ」などと呼びました。

クマの姿の特徴によっても呼び名は変わり、「シㇼキラッペ＝何となく脂気がなくやせているもの＝歳とった大きなクマ」「エペンクワウㇱ＝前のほうに杖を突いている＝前足の長いクマ」「エパンクワウㇱ＝尻のほうに杖を突いている＝後足の長いクマ」「ポロㇷ゚・ネトパ＝片足だけでも背負い切れぬほどの大きなクマ」「プシンネㇷ゚＝倉のようなもの＝丸くなっているおとなしいクマ」「レクトゥムペ・コㇽ・カムイ＝首輪をもつ神＝月の輪グマ」などがあります。そして、前足の長いクマを射そんじたときは山の上のほうへ逃げ、反対に後足の長いクマを射そんじて追いかけられたら山の下のほうへ逃げれば助かるといいます。

クマの性格（性質）によっても、名前がつけられました。「ノ・ユㇰ＝良いクマ」「ウエイ・ユㇰ＝悪い（荒い）クマ」「マタカリㇷ゚＝冬になっても穴に入らず、うろついているクマ」「アラサルㇱ＝クマの化け物」などです。

また、地方によって多少の違いはありますが、成長するにしたがって呼び名が変わっていきます。「ヘペㇾ＝一歳」「リヤㇷ゚＝二歳」「チスラㇷ゚＝三歳」「アㇱカ・クチャン＝四歳の雄」「クチャン＝四歳以上の雌」「シユㇰ＝五歳以上の雄」というように、年齢と雌雄によって変わりました。

クマのイオマンテ（霊送り）は、射止めたクマ（クマの神）の毛皮と肉を人間がいただき、その魂を丁重に神の国へ送り返すための儀式です。そのときにお土産として贈るヘペㇾ・アイ（花矢）の数は、クマの年齢によって決められました。

シカの名前

動物の年齢や姿、性質によってさまざまな名前をつけて呼び分けるのは、アイヌが基本的には狩猟民族であることからきています。「狩り」というのは、人間と獣とが互いの生存をかけて戦う極限といってもよい状況ですから、人間同士の情報交換は短く的確でなければなりません。獲物の大きさや状態がひと言で相手に伝わるために、もっとも適切な名前で呼ぶのです。

クマのほかには、シカ、キツネ、タヌキ、ウサギ、リスなどがおもな狩りの獲物でした。そこで、それぞれがいくつかの名前をもっています。

「ユㇰ」は、現在ではシカの名前として使われるのが一般的ですが、もともとは「狩りの獲物」の総称であったといいます。初めは、クマ、シカ、タヌキなど、肉が食料として重要だった獣をすべてユㇰと呼んでいました。その後、もっともたくさん獲り、主食のようにしていたシカのことを、おもに指すようになったのでしょう。

「ポイ・ユㇰ＝一歳」「リヤ・ポイ・ユㇰ＝二歳の雌」「リヤウ＝二歳の雄」「トゥ・パ・リヤ・ユㇰ＝三歳」「ピンネラウ＝三歳の雄」「モマㇺペ＝三歳以上の雌」「レ・パ・ポン・アㇷ゚カ＝四歳の雄」「アㇷ゚カ＝五歳以上の雄」というように、シカも年齢によって呼び名が変わります。これは、食料や毛皮としてどのシカを捕らえるかを的確に判断するために、名前で区別したものと考えられます。狩猟・採集を生活の基盤にしていたので、獣や山菜が少なくなることを恐れ、乱獲を厳しく戒めていたからです。

幕末の探険家・松浦武四郎は、一八五八(安政五)年の夏に日高地方で見た光景について、次のようなことを書いています。

「小高い山から見下ろした平原に一カ所、三〇〇メートル四方くらいが赤く見えたので、道案内のアイヌに『あれは何か』と尋ねたところ、そのアイヌが下へ向かって走り出した。すると、その赤く見えたものがいっせいに八方へ散らばっていった。それは、シカの大群だったのだ」(『東蝦夷日誌』)

わずか一五〇年前にはこれほど数が多かったシカは、一時は絶滅寸前まで激減しました。それは、明治政府による北海道開拓政策が最大の原因です。明治政府は弓矢によるアイヌの狩猟を禁止しながら、鉄砲によって北海道中のシカを殺しまくりました。そして、毎年何万枚もの毛皮を輸出し、シカ肉缶詰工場を造ったのです。

成長に合わせて違う名前をつけ、幼いシカや雌のシカを獲らないようにして群れを守り続けてきたアイヌの知恵と習慣は、根底から無視され、否定されてしまいました。「ホㇽケウ・カムイ＝オオカミ・神」と呼ばれた北海道のオオカミが絶滅したのも、この時期の一八八九(明治二二)年のことです。

動物たちの名前

北海道でクマとともに親しまれているキツネ(キタキツネ)は、「チロンヌㇷ゚＝われわれがどっさり殺すもの」が定着しています。もともとは「ユㇰ」と同じように、村近くの野山でふんだんに獲れた獲物(タヌキ、イタチ、テン、ウサギ)の総称であったものが、キツネの呼称として残りました。ほかに、「シュマリ」「ケマコㇱネクㇽ＝足の速い神様」「シクマ・ケㇱ・ウン・カムイ＝山の端の神様」などの名前をもち、人間の近くに住むこととその賢さから、たくさんの物語や言い伝えがあります。

キツネは、どの地方でもカムイ(神)として扱われました。クマやシマフクロウのように、イオマンテの儀式を行うほど大切にするところもあります。けれども、すべてのキツネが良い神というわけではありません。悪知恵で人間を困らせたり、災いをもたらす悪い神もいて、ユーカㇻやウェペケㇾに数多くのエピソードが残されています。

タヌキは「モユㇰ＝小さな獲物」です。とくに顔の黒いものを「スケ・モユㇰ＝飯炊きをするタヌキ」と呼んだのは、タヌキがクマのために飯炊きをしてすすがついたからだといわれています。タヌキがクマの穴にもぐり込んで、居候《いそうろう》を決め込んでいるようにも見える習性から、こんな名前をつけたのでしょう。

カワウソは一般に「エサマン」と呼ばれ、なぜか物忘れが激しいという伝承が各地に残っています。そこで、物忘れする人のことをエサマンといったり、エサマン・ソンゴコㇿ（カワウソの使い）というのです。大事な儀式や狩りのときにエサマンという言葉を使うことは厳禁で、代わりに「パケ・カㇷ゚テㇰ＝頭のつぶれたもの」とか「サパ・カㇷ゚ケ・クㇽ＝頭禿げの神」と呼びました。大事なときに物忘れしてはいけないという理由からです。

最後に、人間の一番身近にいる犬と猫の名前を紹介しましょう。

知里真志保博士が四四例の名前をあげているように、犬はアイヌの生活になくてはならない生き物でした。とくにクマ狩りでの役割は大きく、獲物を見つけて上手に追い込んでくれる勇敢で賢い犬は、コタンで大切にされました。「セタ」「シタ」がふつうの呼び名で、年齢や性質によってさまざまに呼び分けるのは、クマの場合と似ています。

「パルンペ・クンネ・トゥルケソ・シタ＝舌に黒いほくろがある犬」「エトゥ・クンネ・セタ＝鼻の黒い犬」は良い犬、「パルンペ・エトゥッカ・セタ＝舌を突き出している犬」は悪い犬とされています。「オトゥイ・セタ＝尾の切れた犬」は大事にされず、くだらない人間を犬にたとえて、「オトゥイペ＝尾の切れた奴」と悪口に使われました。

猫については「メエコッ＝寒さで死ぬもの」くらいがアイヌ語らしい名前で、ほかにはほとんどありません。北海道での猫の歴史の浅さと、人間にとってあまり重要ではない存在だったことが、ここからわかります。

人間の名前

人間のことを北海道では「アイヌ」、樺太では「エンチウ」といいました。これは、①(神に対して)人、②(女に対して)男、③(子に対して)父、④(妻に対して)夫を表します。北海道では、男を「アイヌ」か「オッカイ」、女を「マッ」か「メノコ」と呼ぶのが一般的でした。

個人の名前については、一八七二(明治五)年、全国に「戸籍法」が施行され、それまで名字がなかった人びとが名字をつくり、戸籍に編入されました。このとき、北海道のアイヌも日本式の姓と名を強制的につけられ、日本国民として戸籍の中に組み入れられます。ここではそれ以前の、アイヌの伝統的な命名法を紹介しましょう。

アイヌの社会の考え方では、赤ん坊と幼児(〇〜四歳くらい)はカムイです。カムイ・モシㇼ(神の国)からアイヌ・モシㇼ(人間の国)へ来たばかりで、まだ人間になりきっていないものと考えました。赤ん坊が泣いたり笑ったり、まわりにわからない言葉を言ったりするのは、神の言葉で何かを伝えようとしているからです。

子どもが生まれても、すぐに固有の名前はつけません。神性はあっても力の弱い赤ん坊は病気の魔神に捕らえられることが多いので、呼び名を聞いた病気の魔物が嫌がって絶対に近づかないように、思いきり汚い呼び方をしました。「シ・タㇰタㇰ＝糞のかたまり」「ション・タㇰ

＝古糞のかたまり」「ポイ・シオン＝小さい古糞のかたまり」「オスㇲ＝尻に糞がついている」「ソモマㇷ゚＝おまる」「シウㇱペ＝糞にまみれているもの」「テンネㇷ゚＝ぬれているもの」などの汚い呼び方が、数多く残っています。

また、「ポン・ポㇱタ＝小さい子犬」「ポン・チョ＝小さい犬」は、人間ではなく子犬を呼んでいるように、病魔をあざむくための名前です。昔のアイヌが、わが子を病気で失うことをどれほど恐れていたか、これらの名前の多様さから知ることができます。子どもを大切に思う親の心は、昔も今も変わりありません。

「ポンペ＝幼い子」「ポポ＝赤ちゃん」「リトゥシペ＝男の赤ん坊」「オペㇽケプ＝女の赤ん坊」という呼び名もあり、泣き声から「アヤィ」という呼び方もしました。赤ん坊がアィ・アィと泣いているように聞こえたのでしょう。

アイヌにとって赤ん坊はカムイでしたから、泣き声や仕草からいろいろなことを読み取ろうとしました。「よだれを玉に吹けば、母親に次の子どもができる前兆」「這って行って股の間から後ろを見ると、母親に次の子どもができる前兆」「もの珍しそうに天井を見回していると、飢饉のある前兆」などといった記録が残っています。

その的中率についてはわかりませんが、神の国から生まれ変わってきた赤ん坊の神性を大事にした気持ちは伝わってくると思いませんか。

赤ん坊は神の子

生まれてから三〜四歳までの子どもは神様だと考えられましたから、まわりの人びとは預かった神の子を大切に守り、育てます。赤ん坊がくしゃみをしたようなときには、風邪の神が忍びよってきたとして、すかさず呪文を叫びました。

「シコ・パッチェ　シコンチ・コㇿ＝糞が赤ん坊に跳ねた、赤ん坊が糞帽かぶった」(幌別《ほろべつ》)、「セタシ・アイ・コタチ　ペネシ・アイ・コタチ＝犬の糞赤ん坊に塗った、べた糞赤ん坊に塗った」(千歳)、「シ・トメウㇱ　フラ・パルセ＝糞の中に頭突っ込み、糞の臭いぷんぷん」(十勝)など地域によって多少の違いはありますが、赤ん坊が本当に糞だらけになったと思わせて、風邪の魔神を遠ざけたのです。アイヌには、「魔神というものは、言われたとおり信じるものだ」ということわざがあります。それがよくわかる風習です。

また、赤ん坊が夜泣きをしてどうしても泣きやまないときは、「アシッチュㇷ゚　アンナ　エウェンハウェ　エウェンハラ　エヤイカセㇱケ＝新しい月出たぞ、お前の悪い声、お前の悪い臭い、それで身を隠せ」と唱えながら、ぼろ布を火にくべて、赤ん坊がその煙を頭からかぶるようにあおぎました(十勝)。それは、赤ん坊が夜泣きをするのは月が出ているのを知らないためと考えたからです。

火に硫黄の粉を入れて、「赤ちゃんがよく眠るようにしておくれ」と火の神に頼んだという地方もあります。親たちが赤ん坊の夜泣きに閉口するのは、昔も今も変わりません。

早春の湿地に大型の葉を伸ばし、またたく間に一・五メートルくらいまで伸びるユリ科の草が、バイケイソウです。アイヌ名は「シクㇷ゚・キナ＝成長する草」。成長が遅くてなかなか立ち上がらない子どもがいるときに刈り取ってきて、「シクㇷ゚　シクㇷ゚＝成長せよ、成長せよ」と唱えながら、その子どものお尻を叩くのに使ったといいます。「這えば立て、立てば歩めの親心」に通じる心情です。

赤ん坊は日中、「シンタ」という揺りかごに寝かせておきました。舟の形にも見えるシンタをときどき揺らしながら、母親は傍らで手仕事をするのです。「眠りの舟が、下りてくる、下りてくる」という表現がユーカㇻにあります。

また、英雄のユーカㇻには、主人公ポイヤウンペを助けるために、神（神々）が「カムイ・シンタ＝神の揺りかご」に乗って飛んでくるというシーンがあります。昔々のアイヌが飛行機や宇宙船のようなものを考えていたことがわかり、愉快です。

四〜五歳になって名前をつけられ、人間の仲間入りをするまで、赤ん坊は神である時間を過ごしました。

子どもの名前のつけ方

子どもが四～五歳になると、男の子は「エカチ」「ヘカチ」、女の子は「オペㇾ」「オペㇾケ」と呼ばれるのがふつうです。男女ともに一五～一六歳で成人と考えられ、それぞれに儀式のようなものを経て、コタンの一員として責任や役割を受け持っていくようになります。それまでの間は、年齢や成長の度合いによってさまざまな呼ばれ方をして、過ごします。

「エカチ＝少年」が「オクネカチ＝青年」に、「オペㇾ＝少女」が「メノコポ＝若い娘」に呼び名が変わったら一人前。身体つきや身のこなしと同時に、身につける物や髪型もそれぞれに変わります。この少年・少女期間に、それぞれの子どもに固有の名前がつけられるのです。

五～六歳を過ぎると、子どもにもそれぞれの個性が現れてきます。顔だちや身体つきの特徴がはっきりして、もの言いや仕草も一人ひとりが違ってきます。カムイから人間になり、だんだん人間らしさを増してくるわけです。親をはじめまわりのおとなたちは、そういう子どもの変化(成長)を見守り、個性を見極め、可能性を予測し、その子どもに合った名前をつけます。だから昔のアイヌ社会では、子どもは五～一〇歳くらいの間に命名されるのがふつうでした。

命名の原則は、いくつかあります。

①そのコタンの者と同名、とくに親戚、知人との同名は避ける。

②(記憶されている)死んだ人との同名を避ける。
③名前は一生の運命を支配するという考えから、なるべく縁起のいい名をつける。
④子どもの習癖、特徴、出会った特別な出来事にちなんだ名をつける。
⑤魔神や厄災を避けるために、わざと悪い名をつける。

例をいくつか紹介しましょう。

③＝「イソンノアシ＝狩りの名人になるように」という男性名、「ハルコㇿ＝食べ物に恵まれる」という女性名、「レスノテㇰ＝たくさんの子どもを育てあげるように」という女性名。

④＝「ペラモンコㇿ＝飯べらをおもちゃにする」という女性名、「チルタ＝荒削りの者」という男性名。

⑤＝「トゥルシノ＝垢《あか》だらけ」という女性名、「シコサンケ＝糞をぶら下げる」という女性名。

赤ん坊のころ身体が弱かったり、ほかの子どもに比べて身体が小さい子どもには⑤のタイプの名前をつけ、病魔が取りつかないようにという願いをこめたようです。私の知っている「トゥルシノ」というおばあさんは九〇歳近くまで生きていましたから、親の願いは見事に成就したことになります。

こうして名前を与えられ、「人間」として生きる道を歩きはじめた若者たちは、「アイヌ・ネノ・アン・アイヌ＝人間・らしく・ある・人間」という最高の賛辞を人からもらえるように、毎日の生活を送るのです。

談判する鳥

現在の五月は旧暦の四月にあたり、「シキウタチュプ」と呼んだようです。その前が「モキウタチュプ＝茅を刈る月」でしたから、引き続き「もっと茅を刈る月」という意味でしょうか。雪が解けた後、枯れたカヤを刈り取って集め、チセ(家)の新築や補修用に保存しました。比較的小さなチセでも、一軒分の屋根と壁を葺くためには、おとなの腕で一抱えくらいに束ねた茅が五〇〇束以上必要になります。毎年、秋遅くと春先には、子どもも手伝って刈り取ったものです。また、この時期に山菜を求めて野山を歩いていると、ウグイスやヒバリの鳴き声が聞こえ、春風の暖かさが一段と強く感じられます。

山中で思わず足を止めて聞き惚れるウグイスの声ですが、昔のアイヌの生活にはあまり関係がなかったのか、つけられた名前の数は少なく、ウェペケレに登場することもありません。「ホホ・チリ＝ホーホー鳥」「ココペ・チリ＝ココペ鳥」や「オパケキョ＝お尻にパケキョ」など、鳴き声からつけられた名前が残っているくらいです。

それに比べるとヒバリはつけられた名前が多く、唄や物語の主人公にもなって、コタン近くの草原や畑で人間と間近に生活していたことがわかります。たとえば、「リクン・チリポ＝高みにいる鳥」「リコ・チリポ＝高みに行く鳥」「ヌプカ・オレウ＝野原に降りる」「パイカル・

ポンチカㇷ゚＝春の小鳥」などです。このほか、「チャランケ・チリ＝論争する鳥」という名前が残っているのは、ヒバリのにぎやかなさえずりを論争している声のように聞いたものなのでしょう。

チャランケ・チカㇷ゚の名にふさわしい昔話を、知里真志保博士が記録しています。

「昔、ネズミが天の神様から何かを借り、『いつ返すか？』と聞かれると『柏の葉が落ちてから』と答えた。そこで、神様たちは柏の森を見張っていたが、冬になっても葉は落ちない。そのうちに夏になって、新しい葉が生えてきてしまった。『ネズミもなかなか賢いものだ』と、神様たちは感心したが、やがてヒバリに言いつけて使いに出し、ネズミに催促させた」

「タカタカ　チウロー　チウロー　ノッネ　ピㇼカ　アントイ　キナカ　コウケウ　ナッキー……」と続くヒバリの歌は、ネズミへの催促のチャランケ（談判）だというのです。

ヒバリとネズミの話や唄は、ほかにも各地に残されています。けんかの相手として語られることが多いのは、人間の近くにいて小さな身体で駆けまわり、飛びまわる姿が、ライバルのように映ったからなのでしょう。ちなみに知里博士の名字は、チリ（鳥）にちなんでつけられたものです。

嫌われもののカエル

春の野や山でおとなたちが山菜を探している間、小さな子どもたちは雪解け水の水溜まりや沼、湿地の小川で、カエルやエゾサンショウウオの卵を見つけるのに夢中です。この時期には小さな水溜まりでもけっこう見つけられます。みんなで大騒ぎしながら少しずつ自分の入れものに入れ、持ち帰っては庭の池や水槽で育てるのです。

カエルの卵は「オオワッ・チポㇽ」「オポㇺパキ・ホマ」と呼びます。どちらも「カエルの卵塊」という意味で、火傷の薬として使ったという伝承が残されていますが、具体的な方法についてはわかりません。湿布のようにして、熱さましにしたのでしょうか。

卵がかえってオタマジャクシになると、「エカスㇷ゚ネ＝頭が杓子《しゃくし》のようである」「エカシルッポ＝過大な頭」とか「エイッサパ＝先端からずっと頭」と呼ばれます。オタマジャクシがさらに成長してアマガエルになると、「ケッケチㇷ゚＝ケッケッと鳴く者」「コケコケㇷ゚＝コケコケと鳴く者」「クルルㇷ゚＝クルルと鳴く者」と鳴き声で呼ばれたり、「クッカルイケㇷ゚＝鍬を研《と》ぐ者」と、身ぶりの特徴で呼ばれたりします。

エゾアカガエルは、「オオワッ」「オオアッ」と鳴き声で呼ばれたり、「テレケㇷ゚＝跳ぶ者」「トオルンペ＝沼にいる者」と呼ばれました。「テレケ・イペ＝跳ぶ・食べ物(魚)」と呼んだ地方では、カエルを魚の仲間として考えたようだと、知里真志保博士は書いています。また、「テレケ・イモク＝跳ぶ虫」と呼んだ地方では、虫の仲間と考えたのでしょう。

エゾサンショウウオは「ホマルラ」「チポンルラム」と呼ぶのが一般的で、どちらも「卵塊を運ぶ者」という意味です。「オチウ・チェッポ＝交尾する小魚」とか「パウチ・チェッポ＝淫魔の小魚」と呼ぶ地方もあり、あまり人間に好かれる存在ではなかったようです。

カエルやエゾサンショウウオ——とくにエゾアカガエルは、家の中に入り込んでくると炉の灰を頭からかけて追い出されるほど嫌われたといい、その理由に関するウェペケレが各地に残されています。

この世にいたとき悪いことをして死んだ人間の魂が、あの世に行くことができないので、まだ生きている人間をあの世に連れて行くためにカエルになって戻って来たのだという言い伝えをはじめ、カエルに関しては良い話がほとんどありません。「トウロン・カムイ＝沼の内にいる神」とカムイをつけて呼ぶ地方もあるのに、その姿から人間に嫌われているカエルが、少しかわいそうな気もします。

一九八九年、五七歳で亡くなったアイヌ出身の彫刻家・砂澤ビッキ(本名・恒雄)が若いころから自称していた「ビッキ」というのは、東北地方の方言でカエルのことです。幼いころの愛称というよりは、おとなが言うことをきかない子どもだった彼に対する年寄りの「ビッキ・サパ＝カエル頭」という呼び名が、終生の名前になったのでした。

大きな魚

「チライ・アパッポ＝イトウの花」と呼ばれるフクジュソウが咲くころ川に上ってくるイトウは、淡水魚のなかではもっとも大型です。いまでは、釣り人が「幻の魚」として憧れるほど数が減ってしまいました。春一番に川を上ってくるイトウは、もっぱら干し魚で冬の間を過ごしてきたアイヌにとって、鮮魚を口にできる春の贈り物でした。フクジュソウの花やオシドリ（チライ・マ・チリ＝イトウと泳ぐ鳥）やツツ鳥（トゥトゥッ＝鳴き声）の姿を見ると、コタンの人びとはマレク（回転銛《もり》）を手に川へ行き、イトウを突いて捕ったのです。

イトウを「トシリ」「チライ」「オペライペ」と呼び分ける地方（美幌《びほろ》）もあります。それぞれ顔の形が異なっているという人もいますが、現在のように魚体そのものが希少になっては、確かめることもできません。イトウの大きさを知ることができる伝承は各地に残されています。然別《しかりべつ》湖（十勝地方）の話を紹介しましょう（更科源蔵『コタン生物記（2）野獣・海獣・漁族編』）。

〈昔、狩人が大グマを見つけて追うと、クマは然別湖に飛び込んで泳ぎ出した。ところが、途中でぶくぶくと沈んで見えなくなる。そこで舟を漕ぎ出して行ってみると、身体の長さが四〇〜五〇メートルもある「ワン・オンネチェプ・カムイ＝六倍の老魚神」というイトウが大グマを呑み込んでのどにつまらせ、クマはイトウの口から前足をのぞかせて死んでいた〉

イトウがクマやシカを呑み込んだという伝説が北海道各地に残っているのは、大きなイトウが生息していた時代を彷彿とさせます。昔のアイヌにとって、そのイトウよりさらに大きな魚とされていたのが「トゥクシシ＝アメマス」でした。アイヌ名は少ないのですが、徳舜瞥《とくしゅんべつ》（アメマスのいる川）、得志内《とくしない》（アメマス川）などの地名が多く、各地に残された伝承や伝説の数からも、アイヌの生活に密着した魚であったことがわかります。

この大地は、コタン・カㇽ・カムイ（国造神）が巨大なアメマスの背中の上につくったと考えられています。だから、和人（大和民族）が地中の大ナマズが騒ぐのが地震の原因と考えたのに対して、アイヌは大地を支えているアメマスが身動きすると地震が起きると考えました。

地震が起きると小刀や山刀を炉の灰や地面に突き刺し、「エ・イッケウ　ク・オッケ、エ・イッケウ　ク・オッケ（お前の腰突き刺したぞ、お前の腰突き刺したぞ）」「エ・イッケウ　ク・トゥイェ、エ・イッケウ　ク・トゥイェ（お前の腰切ったぞ、お前の腰切ったぞ）」と唱えたといいます。そうすると、地下のアメマスは本当に自分の腰を切られたと思って身動きしなくなるので、地震が止むと信じられたのです。

地震ばかりではなく、北海道の湖にはたいてい巨大なアメマスが棲んでいて、ときどき暴れては人間に害を及ぼすという伝承が数多く残されています。その大アメマスを退治するのがカンナ・カムイ（雷の神）であったり、アイヌ・ラックル（人間の始祖神＝文化神）であったりする違いはありますが、いずれも勇壮な戦いの物語が各地に伝えられています。

春の魚

カッコウの鳴き声は、畑に種を播いてもよいことを教えるのと同時に(二二ページ参照)、マスが遡上してくることも人びとに教えました。「サキペ＝サㇰ・イペ＝夏の食料」と呼ばれるサクラマスは、五月から九月ごろまで川を上ってきます。新鮮な魚がやって来るというメッセージは、カッコウの声以外にも地域ごとにさまざまなものがありました。

「ナナツバ(ハンゴンソウ)の花が咲いたら」「ウドの実が黒くなったら」「マス・フレップ(エゾイチゴ)が色づいたら」など、マスが捕れる時期の目安はたくさんあります。アヤメの花を「イチャニゥ・アパッポ＝マスの花」と呼んでいる十勝地方では、アヤメが咲きだしたらマス捕りに出かけたのでしょう。

それほど待たれ、大切な食料であったマスですから、「イチャニゥ＝産卵場にいる者」とともに「ナイコッ・チェㇷ゚＝谷川を司る魚」とも呼ばれ、春一番に上ってきたものは秋サケほど盛大ではなくても、祭壇を作り、カムイ・チェㇷ゚(神の魚)として祈りを捧げられました。

アイヌがカムイ・チェㇷ゚と呼ぶ魚には、いくつか種類があります。越冬用の食料になる秋サケや干し魚から鮮魚に代わって食生活を豊かにする春マスは北海道全体で、晩秋に川を上って保存食料になる「シシャモ」は胆振《いぶり》の鵡川《むかわ》地域(太平洋岸)などで、カムイ・チェㇷ゚と呼ばれていました。ただし、それらの魚はいずれも、一匹一匹の個体がカムイとされているわけではありません。

天上にいるサケやマス、シシャモを司る神が、季節や人間界の様子を見ながら、それぞれが小脇に抱えたサラニッㇷ゚（袋）から魚の群れをつかみ、下界に下ろしてくれると考えられました。だから、クマやシマフクロウ、キツネなどは、一頭（羽）ごとに魂を天上界に送り返すための「カムイノミ＝イオマンテ」を行なったのに対して、これらの魚に対してはまとめて季節ごとに、天上の神に感謝する祈りが行われたのです。

魚だけではなく、シカについても同じことがいえます。天上にいてシカを司る神が持っているサラニッㇷ゚から、下界の人びとが必要なだけ下ろしてくれると考えました。だから、一頭ずつの個体を神とすることはありません。それで、シカを獲ったからといって、そのつどイナウ（五二ページ参照）を作って、祈りとともに魂送りをしたわけではありません。

ただし、例外として、宗谷地方（道北）のアイヌはシカの霊送りをしていたという記録が残っています。それは、シカがごくわずかしか生息しておらず、本当に貴重だったからでしょう。

長い者

春の山道を歩いていると、日だまりの木の枝や道の上にヘビが長くなって寝そべっているのに出会います。冬眠の穴から出てきて、冷えた身体を温めているのでしょう。

アイヌのおじいさん(エカシ)やおばあさん(フチ)と歩いていて道をふさぐように寝ているヘビに出会ったとき、エカシやフチは静かに「これ、長い者よ、道を空けなさい」と声をかけ、ヘビが草むらに去ってから歩きはじめます。決して棒や石で追わず、音や声に気づいたヘビが自分から姿を消すのを待っているのです。

ヘビの総称には「オヤウ=異なる者」「チホマㇷ゚=我ら恐れるもの」「タンネ・カムイ=長い・神」などがあり、さらに種類によって呼び分けられます。アオダイショウは「ヤヤン・カムイ=ふつうの・神」「キナスッ・カムイ=草の根元の・神」、シマヘビは「オリロ・カムイ=背面に波がついてる・神」、カラスヘビは「パシクㇽ・カムイ=カラス・神」「クンネ・カムイ=黒い・神」、マムシは「シアン・カムイ=真の・神」「トッコニウェン=突起して・いがむ(かみつこうとする)」や「カミヤシ=カムイ・オヤシ=魔神である・化け物」と呼ばれました。

いずれも神性をこめた名前ですから、アイヌがヘビを神と見ていたことがわかります。その典型が「カンナ・カムイ=雷神」や「ヌサコㇿ・カムイ=祭壇を司る・神」で、いずれも蛇体の神と考えられていました。「ラプㇱ・カムイ＝羽の生えている・神」と呼ばれたのは、和人社会の竜神のように、落雷の閃光をヘビの神が昇天する姿と捉えたからでしょう。

カンナ・カムイ（英雄のユーカㇻの主人公ポイヤウンペの守り神）は上天にいて位が高い神で、ヌサコㇿ・カムイは人間（アイヌ）がカムイノミを行うとき必ずイナウを供えて祈る、生活に密着した神ですから、アイヌがヘビを神聖なものと考えていたのは確かです。

とはいえ、日常的にあまり好まれていたわけではありません。むしろ、なるべく出会いたくない存在だったようです。それは、数多く残されたヘビが登場するユーカㇻやウェペケㇾに、ヘビを好意的に描いたものが少なく、アイヌが悪口として「ウェンペ！　トッコニ・サパ！＝悪者め！　マムシの頭め！」という表現を使うことからもわかります。

反面、ヘビのもつ神性を大事にした習慣も数多くあります。とくに女性は、柳の木の削りかけ（イナウのように木を薄く削ったもの）で作ったヘビの形のお守りを身につけていたり、具合の悪いときには削りかけでヘビの形を作って、火の神に頼んでからそれで身体をさすると、ヘビの神が病気を追い出してくれるという地方もあります。また、ヘビを殺すと祟《たた》りがあって、病気になったり財産をなくすと各地でいわれており、神力と魔力を併せ持った恐ろしい存在というのが一般的な考え方だったようです。

クマがもっとも苦手とするのがヘビで、山中で出会ったときに逃げ出すのはクマのほうだというのは意外でもあり、わかるような気もします。クマもやっぱり気持ち悪いのでしょう。

ヌサとイナウ

ヘビを指す「ヌサコㇿ・カムイ＝祭壇を司る・神」のヌサ(ヌササンともいう)というのは、チセの一番奥の正面にある「ロルンプヤㇻ＝上座の神窓」の外に作られた祭壇で、昔のアイヌの家には必ずあったものです。ロルンプヤㇻはふつうチセの東側にあり、「神の通る窓」と考えられていたので、神聖なものの出し入れにだけ使われ、ふだんその窓から人が家の中をのぞくことは厳しく戒められていました。ヌサも、ふだんはあまり足を踏み入れない神聖な場所とされていました。

チセの中心には炉があり、火の神がいて人間を見守っています。ヌサに祀られているのはそれ以外の神々です。コタンや家によって少しずつ違いますが、水の神、山の神、大地の神などが一〇～一五体祀られるのがふつうで、それぞれの神に贈られたイナウが並んでいます。

イナウは、アイヌの信仰や精神文化を象徴するものですが、簡単には言い表せません。ヤナギやミズキ、まれにはキハダの木を使って作ります。直径三センチほどの木の表皮をはぎ、ある程度乾燥させた木肌を刃物(イナウケ・マキリ＝イナウを作る・小刀)で薄く削って細い房をたくさん作り、長い髪のようにその削りかけを垂らして飾るのです。仕上がった形は、それを贈る神や目的によってさまざまで、形や目的によって違う名前で呼ばれます。それらを手際よく美しく作ることは、男たちの大切な仕事とされてきました。

イナウは人間の言葉(祈り)を神に伝えてくれるものであったり、身近にあって人間を守ってくれるものであったり、神への贈り物であったり、さまざまに使い分けられます。カムイノミ(神への祈り)やイチャルパ(先祖供養)、イオマンテには欠かせません。

イナウを使って祈るのは決してアイヌだけではないことが、大阪府吹田市にある国立民族学博物館に展示されている世界中から集められたおびただしい数のイナウを見るとわかります。また、現在もこのイナウを使って信仰儀式を行なっている北方民族が多く存在します。

日本国内では、岩手県陸前高田市にあるリクンコタン(高い村という意味のアイヌ語)という神社に安置してある古いご神体がこのイナウです。これは、かつてアイヌが広く日本中で暮らしていたことや、多くの他民族との交流の歴史を物語っているのかもしれません。

儀式が行われるたびに、新しいイナウが作られ、ヌサに飾られます。また、ヌサに向かって左側には先祖供養をするための場所があり、あの世で暮らす死者たちのためにイナウを贈り、供物を供えるのです。供えられた後、放置してある供物を食べに、ネズミたちが集まってきます。そのネズミをねらってヘビがヌサの根元にいることが多いので、「ヌサコㇿ・カムイ＝祭壇を司る・神」と呼んだのでしょう。

いのち

六月——冬の終わりから夏の始まりへと変わっていく北海道は新緑に彩られ、一年中でもっとも美しい季節を迎えます。雪に覆われた一面の銀世界も美しいのですが、それは雪の中で生命がひっそりと息づいている静かな美しさです。それに比べるとこの季節は、木の緑といっせいに咲きだした花たちが陽光に輝いて生命が光り、地に満ちているように感じられます。

その生命に満ちている状態を「醜い」と捉える見方があります。半村良という人が書いた小説『妖星伝』に「こんなにも多くの生命が、互いに食い合っているとは、何という醜い星か」という一節があるのです。この言葉を吐いた登場人物は、地球の外にある異星からやって来ました。その星は一面の岩石で覆われていて、ほんのわずかの生命しか存在していないらしいのです。

地球上には四〇万種の植物と一〇〇万種を超える動物が生存しています。それらのすべてが自分の生命を他の生命によって支え、他の生命を生かすために死んでいくのですから、「食い合っている」という表現は正しいのかもしれません。私たちは「食物連鎖」として学び、あたり前と捉えていますが、それについて考えてみることも必要ではないでしょうか。

地球が誕生したのが四六億年前、生命が地球上に現れたのが三八億年前、最初の脊椎動物が生まれたのが六億年前、それが海から陸へ上がった(両生動物)のが三億六〇〇〇万年前とされています。気の遠くなるような時間です。そして、さらに時が過ぎて、四〇〇〇万年前にサルから人間が分化しました。

旧人(ネアンデルタール人など)を経て、われわれと共通する特徴をもった新人(クロマニヨン人など)が誕生したのは、一～二万年前です。日本に縄文人が現れるのもそのころですから、生命の発生からみると私たち人間の誕生はつい昨日といってよいでしょう。

種としては地球上の新参者である私たち人間が、いまこの星の生命を絶滅に追い込み、地球そのものさえ滅ぼそうとしています。数千年前に古代文明が栄えたナイル川流域、メソポタミア地方、インダス河口などは現在、すべて砂漠か荒野に変わってしまいました。

大河に沿った肥沃な大地は優れた文明を生み出し、人間の数を増やし続けていきます。ところが、その文明が滅亡したとき、肥沃な大地はほとんどその姿を消しました。人間が土地とそこに生きる生命を一方的に収奪した結果、地球がたどった時間に比べれば瞬きするくらいの短い間に、緑だった大地は砂漠と化したのです。

いま、地球上の熱帯林が消えつつあります。人間にとって食料、燃料、工業原料の供給源であるだけでなく、地球上の生物種の半数が棲んでいる熱帯林が現在の速度で破壊されていくと、地球の生態系が激変し、ついには空気さえなくなって、すべての生命は滅びてしまいます。その原因は、一〇〇%人間にあることを忘れてはなりません。

すべてのものには役割がある

生活に密着しているものや精神的に大きな役割を占めるものにはたくさんの名前をつけたアイヌ民族は、反対に人間の生活と直接かかわりがないものには名前をつけませんでした。「ごく平凡な」という意味で使われる「名もない」という表現は、アイヌにとっては文字どおり名前をもたない存在を指します。

けれども、そういう名前のないもの（植物や動物）は人間にとってかかわりがないから粗末にしていいとは、アイヌは考えません。「世の中に無用なものは何ひとつとしてない」というのがアイヌの考えの基本です。人間にとっては何の役にも立たず、毒にもならない草一本であっても、そこに生えているからには誰かの、何かの役に立っていると考えました。

それは、地球上の生命の歴史を振り返ってみるとよくわかります。いまから二億五〇〇〇万年～六五〇〇万年前、地球上のすべての大陸に生息していた恐竜は、ある時期突然滅びてしまいました。恐竜の身体は土に埋まって地殻の変動を経て石油や天然ガスに変わり、その時代の植物たちは同じように石炭に変わって、六五〇〇万年後に現れた人間の生存を助けました。同じ時期海中に生息していたアンモナイトも、現代の化石マニアを楽しませるだけでなく、地球上の生命の循環に大きな役割を果たした生き物です。

日本に住む私たちとは無関係のように思われるアフリカや東南アジア、中南米の熱帯林は、多くの人びとの生存を助けるだけでなく、動物の生存に不可欠な酸素を生み出して、われわれの生命を維持させてくれます。それは、生命の循環にとってなくてはならない存在です。「この世にあるすべてのものに役割がある」という世界の先住民族の声に耳を傾けてください。

ところが、毎年、日本の面積の半分にも匹敵する広さの熱帯林が伐採され、姿を消しつつあります。日本をはじめ世界各国へ運ばれて木材となり、パルプとされるこれらの樹々の生命は、人間の生命と同じタイムテーブルにのっていることを忘れないようにしたいと思います。人間が「人の世の役に立ちたい」と考えるのは当然ですが、それだけでは人類の生存も地球の未来もおぼつきません。「地球のために人間は何をなすべきか」に取り組まなければならないでしょう。

人間がサルとは決定的に異なる存在になったのは「死者の埋葬」を行うようになったときからと考えるのが一般的です。それ以来、人間は土葬、風葬、鳥葬などの方法で死者を土に返し、わずかながらも生命の循環に加わってきました。しかし、現在では死者は火葬され、骨が土に返ることは少なくなっています。我が身を他の生命に「食わせる」ことをしなくなった人間は、それに代わって生命の循環に貢献する手段をとらなければなりません。それができなくて、「万物の霊長」などと豪語するのは、とても恥ずかしいことだと思います。

第2章

束の間の夏は女の季節

夏の村

夏は、アイヌ語で「サク」です。積丹《しゃこたん》、佐久、咲古丹《さくこたん》などの地名は「サク・コタン」が語源で、「夏の村」を指します。

昔、山あいに住んでいたアイヌたちが夏の間は海辺に移り住んでコタンをつくり、魚や昆布をとって暮らした地域がありました。そのような夏の期間だけ人びとが住んだ場所につけられた名前が、いまも残っているのです。海辺は、魚や海草、アワビやナマコなど海の幸に恵まれていますが、冬は風雪が激しく、波も高くなります。一年中暮らすには厳しい条件のところが多いので、夏の一定期間だけ生活しました。咲来《さっくる》という地名もあります。「サク・ル＝夏の道」という意味で、夏に海岸と行き来するために使われた道があったのでしょう。

アイヌは、夏を「女の季節」と呼びました。野山や畑を中心に、女たちが忙しく働く季節です。もっとも、男たちが遊んで暮らしていたわけではありません。男たちは海や川での漁を中心に冬のために食料を捕り、蓄えていました。

サク・コタンに移り住んだ人びとは、短い夏の間をおとなも子どもも忙しく働いて過ごします。自分たちの食用以外に、アワビ・ナマコ・昆布などを乾燥させ、和人との交易に使いました。和人が運んでくる米・たばこ・布・針・漆器類と交換するのです。

秋サケの干物に加えて、干アワビ・干ナマコ（イリコと呼ばれる）・昆布は、和人社会では貴重な品物でした。俵に詰められた海産物は、北海道から海路大阪を経て長崎まで運ばれ、中国大陸へと輸出されます。これらは「長崎俵物」と呼ばれ、江戸時代に北海道（当時は蝦夷地といわれていました）を支配していた松前藩の最大の財源でした。全国で唯一米が穫れない松前藩は、北海道中から自然の産物を集め、それを売った金で、藩の経済を成り立たせていたのです。

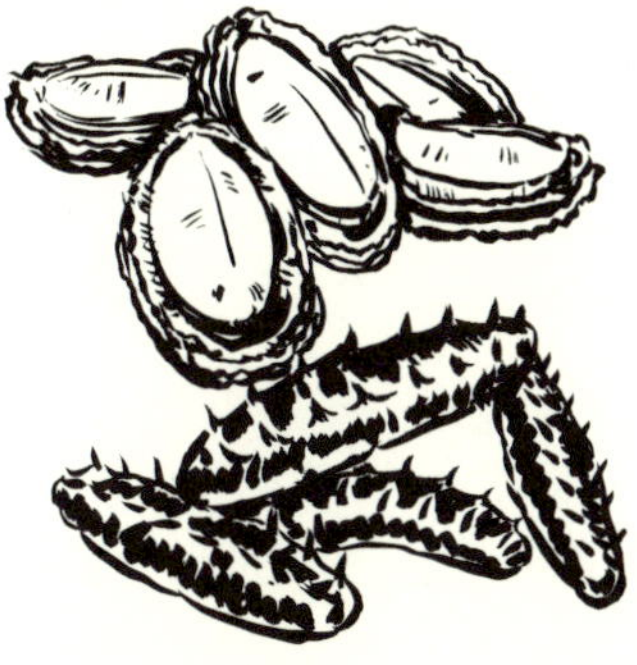

北海道に和人の数が少なく、勢力も弱かったころは、アイヌと和人の交易は正常に行われていました。物々交換が正当になされ（等価交換）、互いに必要なものを手に入れられた時代です。ところが、和人の数が増え、松前藩の勢力範囲が広がるにしたがって、アイヌにとって不利な交易が強制されるようになります（不等価交換）。やがて、松前藩に後押しされた本州の商人たちが藩の財政を支配するようになり、交易という名目で収奪される時期がやってくるのですが、それについては別の機会に紹介しましょう。

冬の終わり（春）と冬の始まり（秋）の間に、ほんの束の間しかない北海道の夏は、おとなにも子どもにも貴重で、忙しい毎日が続きます。

樹皮をはいで保存

夏の初め、畑に植えた作物が伸びはじめるころ、草取り作業の合間をみてコタンの女たちは、シナの木の樹皮をはぐため山に入ります。木の皮(正確には内皮)を糸に加工して、それで布を織ったり、袋を編んだり、荷物を背負うための負い紐を作るのです。家を出る前には炉の前に座り、火の神に祈ります。山へ行く理由を述べ、それを火の神をとおして山の神と木の神に伝えてもらうためです。

山の中で直径一五～二〇センチのまっすぐに伸びているシナの木を見つけたら、その根元にお酒を捧げ、次のように言ってたばこやご飯を供えます。

「木の神様。火の神様を通じて頼んでありますが、あなたの着物を少しいただかせてください。その代わりに、これをさしあげます」

そして、南に面した幹の下のほうに刃物で傷をつけ、梢に向かって皮をはぎ取ります。このとき、全部の皮ははぎません。三分の一くらいの幅をはぎ終えたら、はいだ皮の一部で帯のように幹をしばります。木が枯れずに再生することと、着物の一部を人間に与えてくれた木の神への感謝の祈りがこめられているのです。

南に面した幹の皮をはぐのは、北側の皮が薄く(木のお腹側といいます)、南側は厚い(背中側と考えました）ので、必要な内皮が豊富だからです。はぎ取った木の皮は、その場で表面の硬い皮を取り除き、内側にある柔らかい内皮だけを束ねて持ち帰ります。そして、近くに温泉があれば温泉に、なければ沼か池に沈め、木の枝か石の重しをして浸しておきます。

一〜三週間たち、内皮を固めている糊分が溶け、七〜八枚に分かれるようになったら、水から引き上げて川できれいに洗い、竿《さお》などにかけて乾燥させます。これで、「ニペシ＝シナの木の皮」が完成です。

オヒョウの木の皮も同じようにしてはぎ取り、衣類や袋物の材料にします。はぐ時期はシナの木より少し早く、雪解けのころから始めました。木の活動が盛んになり、樹液がもっとも多くのぼるときが皮をはぎやすく、その時期がシナとオヒョウでは少しずれているためです。オヒョウの木の皮も同じように加工処理し、布や袋の材料に使います。こちらは「アッ」と呼ばれ、アイヌの伝統的な民族衣装として知られている「厚司＝アツシ」の語源は「アッ・ルㇱ＝オヒョウ皮の着物」という意味です。

春から夏にかけて採集・加工したニペシやアッは、乾燥して保存しておきます。冬になって男たちが狩りに行っている間、女たちはこれを薄くはぎ分け、細く裂いて糸を作り、布を織ったり袋を編んで暮らしました。北海道の各地に厚田《あつた》、厚床《あっとこ》、厚別《あつべつ》、厚岸《あっけし》など、アッがついたり、ニペシナイ、ニペシニウシナイなどの地名が多いのは、アイヌの生活にシナやオヒョウの樹皮が欠かせなかったことを示しています。

トゥレップの採集

一昔前までのアイヌ女性にとって、ニペシの採取・加工とならんで重要な初夏の仕事は、「トゥレップ＝オオウバユリ」の採集と加工でした。ニペシが衣類や縄、袋の材料としてなくてはならぬものであったのと同じように、トゥレップは保存食料として欠かせないものでした。代表的な衣食の素材が、同じ初夏に採集と加工を必要としていたのです。「夏は女の季節」と呼ばれた理由が納得できるでしょう。

トゥレップはユリ科の多年草で、根の鱗茎に蓄えられたでんぷんを食料にします。おせち料理に入っているユリ根の、もっと大きなものを想像してもらうと、間違いありません。葉が枯れはじめる六月中旬から七月にかけて、鱗茎を採りに山へ入ります。そして、丈高く繁った夏草をかき分け、花を目印に見つけた鱗茎を掘り起こして、茎とひげ根を切り落とし、サラニップ（袋）に詰めて山を下りました。

年数を経たトゥレップのほうが大きな鱗茎がついています。鱗茎は一枚の葉に一個ついており、五〜六枚の葉のものを選んで掘り上げました。一枚か二枚しか葉がついていなければ手をつけず、年数がたって成長するまで待ちます。

また、年寄りは「花の咲くトゥレップは決して採ってはいけない」と教えてくれました。

「トゥレップの大きな花は探すときの目印にはするけれど、やがてそれは種をつけて、たくさんまわりに飛ばし、新しいトゥレップになるんだから」

夏の山中にひときわ目立って堂々と咲くトゥレップの花は、アイヌ刺繡《ししゅう》の文様として古くから使われてきました。最近ではドライフラワーの素材として枯れたトゥレップの花茎を使う人もいますが、種が完全に飛び散った後で採ってきてほしいと思います。

昔のアイヌ社会では、ひとつのコタンの周囲に一定の広さをもったイヲルと呼ばれる共有空間があり、狩猟や採集を含む生産活動のほとんどを、このイヲルの中で行なっていました。他のコタンと重複しないように定められたイヲルで生きていくためには当然、一木一草も無駄にはできません。「自然を大切にするアイヌの知恵」というのは、言い換えると「自然のなかで生かされている存在であることの自覚」になります。この思想がアイヌの信仰の基本となり、生活の規範となってきました。

コタンの人びとはトゥレップやカタクリ、トマ（エゾエンゴサク）のように根茎を食料にするものでさえ、イヲルの中から減らさないようにします。まして、葉や茎を食べる山菜の群生地は長く守り続けてきました。それは、それぞれの植物の再生のサイクルを知り、採取の原則を守り続けてきた長年の知恵によるものです。

コタンやイヲルが姿を消して長い年月が過ぎ、山の食料はゴルフ場や牧場の拡大によって群生地を失い続けています。人間が自らの生息地をも狭めているように思われてなりません。

オントゥレップを作る

山から持ち帰って水洗いしたトゥレップ＝オオウバユリの鱗茎は、そのまま茹でたり蒸し焼きにしても食べられます。フチ（おばあさん）がチセ（家）の炉の灰に埋めて焼いてくれたトゥレップは、繊維が口の中に残るけれどホクホクとして甘く、とても美味しいものでした。また、水洗いした鱗茎を五〜六ミリの厚さで輪切りにして、乾燥させました。これはチフムパトゥレップといい、保存用です。

そして、でんぷんとオントゥレップ（でんぷんかす団子）を作るのが、トゥレップの最大の活用法でした。お年寄りが「水をたくさん使うから、昔は河原でやったもんだ。コタン中がいっせいにやるから、夜遅くまで河原がにぎやかだった」と話すように、明治時代末ごろまでは夏の最大の仕事だったようです。きれいに水洗いした鱗茎は一枚ずつはいで、中の泥をさらに洗い落とし、樽の中に入れて搗《っ》き、つぶします。お年寄りが言う「にぎやかだった」というのは、樽の中でトゥレップをつぶす音だったのでしょう。

粘り気が出るまで搗いたら、樽の中いっぱいに水を張り、一〜二日おきます。すると、樽の上のほうに鱗茎の繊維が浮いて、水中に細かい繊維が浮遊し、樽の底にでんぷんが沈殿するのです。この繊維をすくい上げて搾り取り、でんぷんかすとでんぷんを分離します。

繊維を取り除いた樽にまた水を張り、でんぷんが下に沈んだところで、上部の少し色のついた部分(二番粉といいます)を別の樽に流し移し、底についている真っ白い「一番粉」と別にしました。さらに、樽の水を何度も取り替え、水がきれいに澄んできたら、沈殿したでんぷんを搾って乾燥させます。一番粉は量が少なく、ほとんどが薬(腹痛、整腸剤)として使われ、食用には二番粉が使われました。

トゥレップのでんぷんかすを保存用に加工し、オントゥレップを作るのには、二つの方法があります。簡単に紹介しましょう。

①すくい上げたでんぷんかすをそのまま広げて乾燥させてから、再び少量の水を加えて搗き、団子に丸めて乾燥させる。

②でんぷんかすを広げて、三〜一〇日かけて発酵させる(オンするという)。それを搗きつぶして団子状に丸め、直径一五センチ、厚さ三センチくらいの円盤状にし、真ん中に穴を開けて乾燥させる。

どちらも保存食料として大切で、吊るして貯蔵し、古いものから順番に調理しました。長い冬を飢えずに過ごすためには、夏の労働が必要だったのです。

仮小屋を造る

アイヌが旅をして野営するときは、クチャと呼ばれる仮小屋を造り、そこで眠るのがふつうでした。クチャの形や材料は、季節や地理的な条件によっていろいろです。骨組みに使うのは成長が早く、群生している柳などで、その上に茅・フキの葉・ヨモギなど周囲に一番多く生えているもので屋根を葺きました。それらがあまりない山中では、松の木の下枝を切って使い、伸び切った草ソテツ(コゴミ)の葉を屋根にしたこともあります。

一泊か二泊するための小屋ですから、眠るだけのスペースがあればよいわけで、「男一人が一〜二時間で完成させるもんだ」とマタギ(狩人)の先輩は言います。滞在が少し長くなるときには、そばに仮設のトイレを造りました。大地の神を汚物で汚さないためです。同じ理由で、おとな数人が野営するときは、たとえ一泊でも必ずトイレを造りました。

ヤイユーカラの森の夏のキャンプでは、河原の柳を切り出して骨組みを造ります。柳の木の生命力は恐るべき強さで、枝の切れ端を土に挿しておくと根がつき、翌年には新しい枝や葉が伸びはじめるほどです。われわれが切って使う量であれば、一〜二年で再生します。

屋根をヨモギで葺くのは、匂いの良さと虫除けのためです。寝るためのクチャでは必ず中で火を焚きますから、煙で虫除けになります。でも、トイレで火を燃やすわけにはいきません。

そこで、ヨモギの除虫効果が必要なのです。キャンプのときも、焚き火にときどきヨモギを入れると、蚊取り線香よりも効果があります。

日高管内の静内《しずない》町に住んでいた葛野辰次郎《くずのたつじろう》エカシ(長老)は、二〇〇二年に九一歳で亡くなるまで、ユーカラ(神謡)やウェペケレ(昔話)などの口承文芸を記録したり、後輩たちにアイヌプリ(アイヌの習慣)を伝えていました。その葛野エカシは、子どもたちにこう言って聞かせたものです。

「この大地が、なぜ神様なのか、わかるかい? われわれ人間が踏んづけたり、汚いものを投げかけたり、勝手に切ったり削ったりしても、決して怒らない。自分がそんなことをされたらと考えてごらん。とても我慢できないだろう? それを怒りもせず、黙って許してくれるのは、神様だからなんだ」

神は無限に優しいというのです。けれども、葛野エカシはこうも言いました。

「人間の一番身近にいて、一番大きな力をもっているのは、火の神様だ。心が広くて優しいので、われわれが願ったり祈ったりすることを火の神様にさえ言えば、あとは彼女(火の神は女だと考えられています)が他の神々にすべて伝えてくれるんだ。だけど、これほど恐ろしい神様も、ほかにいないんだよ。人間を暖めてもくれるけれど、やけどさせることもある。煮炊きを助けてくれるけれど、火事になってすべてを灰にしてしまうこともある。だから、いつも火の神様には敬意をはらい、丁重に扱うのだよ」

夜に鳴く鳥

ヤイユーカラの森が行なったキャンプの夜半近く、闇の中から「ヒョー、ヒョー」という声が聞こえてきました。トラツグミが鳴いているのです。昔の人はトラツグミを鵺《ぬえ》と呼んで恐れました。横溝正史のミステリーの一節に「鵺の鳴く夜は何かが起きる」とあるとおり、背筋がゾクッとするような気味の悪い声です。

道東地方では、トラツグミは肛門で呼吸するからあんな音が出るのだと考えて、「シプイ・マウクシ＝肛門を風が通る」という名前で呼びます。「シプイ・レッ」と呼ぶ地域もありますが、これは「肛門を鳴らす・肛門が呼ぶ」という意味ですから、発想は同じです。この鳥の鳴きまねをすると、その人に取りついて早死にさせるといって、不気味な鳥と考えられてきました。

一方、道北地方や道央地方ではトラツグミを「マウシロ・チリ＝呼気を吐く鳥・口笛鳥」と呼び、クマの居場所を知らせるエゾフクロウが忙しいとき、代わって教えてくれる鳥といわれてきました。ただし、エゾフクロウが重い(大切な)神として祀られるのに比べて、トラツグミが祀られることはありません。エゾフクロウにお酒をあげるときに「マウシロ・チリにも分けてやってください」と言われる程度で、軽い存在として扱われていたようです。しかも、天塩《てしお》川のほうでは、「この鳥が知らせにくるクマは、あまり性質がよくない」とまでいわれたようですから、どこまでも人気のない鳥だったのでしょう。

さて、トラツグミにときどき代理をさせるというエゾフクロウは、一般に「クンネレㇰ・カムイ＝夜叫ぶ神」と呼び、「イソサンケ・カムイ＝獲物を出してくれる神」とか「イソアニ・カムイ＝獲物を持っている神」ともいいます。また、何か異変があると「キュー」という声を出して知らせるところから、「キューセ・カムイ」とも呼びます。夜叫ぶ神とか獲物を出してくれる神といわれるのは、クマ狩りと深い関係があるからです。生活と密着した存在だったので、アイヌはエゾフクロウの鳴き声や様子を注意深く観察し、敬意をはらっていました。

夜エゾフクロウが鳴くと、村人は「神様が呼んでいる」と言って頭を垂れてかしこまり、神がどっちへ向かって鳴いて行くかをしっかり記憶します。そして、夜が明けるのを待って、神様が鳴いて行ったほうにまっすぐに追いかけると、必ずそこにはクマがいるというのです。

科学的には、その因果関係が証明されてはいません。でも、エゾフクロウが夜鳴く声を「ペウレㇷ゚・チコイキ＝クマを獲れ」と聞いたり、「ペウレㇷ゚・ク・サンケ＝クマを私が出した」と言ったりするのは、この鳥とクマとの関係——それぞれの生存にかかわる自然界の微妙な関連——を狩人たちが敏感に感じ取り、信仰のように伝承してきたからでしょう。

ところが、これほどアイヌにとって重要な存在であるエゾフクロウが、シマフクロウの使者にすぎないとユーカㇻやウェペケㇾではいわれているのですから、いささか驚きです。

村を守る神

シマフクロウは「コタンコㇿ・カムイ＝村をもつ神、村を守る神」か「カムイチカㇷ゚＝神の鳥」と呼ぶのがふつうです。ユーカㇻでは、「カムイチカㇷ゚・カムイ＝神の鳥の神」と「カムイ」を重ねて使うことが多く、アイヌにとってたくさんいる神々のなかに占める位置の重さを感じさせます。また、「ニヤシコㇿ・カムイ＝木の枝を支配する神」とも呼ばれるように、ヤチダモなどの高い木の枝にとまっている姿が、堂々とした風格を感じさせます。さらに、夜の間コタンの近くにとどまって闇の中の魑魅魍魎《ちみもうりょう》(魔物たち)から村を守っていると信じられており、位の高い神とされても不思議はありません。

シマフクロウが闇の中で大地が裂けたかと思われる声で叫ぶと、人びとは「コタンコㇿカムイがニチネ・カムイ(魔神)を追っているのだ」と言いました。天地創造のときに、天上から人間界の警護のために下ろされた神とされているのです。

一九二二(大正一一)年、一九歳の若さで亡くなった知里幸恵《ちりゆきえ》というアイヌの女性は生前、『アイヌ神謡集』という本を一冊だけ書き残しました。彼女はこの『北の歳時記』でたびたび引用・紹介する『分類アイヌ語辞典』の著者、知里真志保博士の姉です。博士と同じく、幼いころから利発な人でした。とくに、父方や母方の祖母から語り聞かされたユーカㇻやウェペケ

ㇾをよく記憶して、後年それらをローマ字表記で復元し、日本語の訳文をつけて出版したのです。『アイヌ神謡集』には一三編のカムイ・ユーカㇻが載っています。

その冒頭にあるのが「カムイチカㇷ゚・カムイ・ヤイェユカㇽ、シロカニペ・ランラン・ピシカン＝フクロウの神の自ら歌った謡、銀の滴降る降るまわりに」です。この物語は、「銀の滴降る降るまわりに、金の滴降る降るまわりに」という文句が要所ごとに繰り返されながら、展開していきます。人間の村を見守りにきたフクロウの神が、貧乏らしくは見えるけれど、気品があり、眼差しの美しい男の子の矢を受けました。そして、その子どもの家へ行って重い（大切な）神として丁重に祀られ、盛大なイオマンテ（霊送り）で神の国へと送り返されたことを喜んで、その家にたくさんの宝物や幸せを贈りました。こうした内容を、フクロウの神が自分で謡うのです。フクロウの神が矢を受けるところは、こう表現されています。

「貧乏な子は片足を遠く立て片足を近くたてて、下唇をグッと嚙みしめて、ねらっていてひょうと射放しました。小さい矢は美しく飛んで私の方へ来ました。それで、私は手を差しのべてその小さい矢を取りました。クルクルまわりながら、私は風をきって舞い下りました」

ユーカㇻの中で神たちがその生命を人間に与えるときは、だいたいこのように表現されています。つまり、人間が獲物を捕らえるのではなく、心の正しい人間には神のほうから与えるという思想であり、人間＝アイヌは正しく優しい心をもち、自然界のすべてのものと共に生きなさいという教えなのです。

沖にいる神

クマは山の神、シマフクロウは村を守る神、そして海を司る神はシャチです。「レプンカムイ＝レプ・ウン・カムイ＝沖にいる神様」と呼ばれるシャチを、アイヌは獲物として捕ることはしませんでした。海にいる神々のなかでもっとも重い（大切な）カムイとして敬ったのは、シャチがクジラを浜辺へ追い上げてくれると考えたからです。

小山のように巨大なクジラは、一頭でコタン中の人びとが肉や油をたっぷりと手に入れられる貴重な生き物でした。しかし、あまりに大きく、いつも沖にいるので、人間の力ではどうにもなりません。それを浜辺へと追い上げてくれるのが、レプンカムイ（シャチ）なのです。だから、海岸近くで暮らしていたアイヌは、シャチをもっとも重要なカムイとして、家紋やイナウにはその背ビレを表す印を刻んでいました。

それほど位の高いカムイですから、シャチが登場するユーカㇻやウェペケㇾが各地にたくさん残っています。けれども、それらの物語では、クマの神やシマフクロウの神と仲が悪い存在として描かれている場合が多いのです。それは、山で狩猟中心の生活をしていたアイヌと、海での漁労を中心にしていたアイヌの感覚の違いと、海を独立したひとつの世界と考える意識の現れでしょう。

一九八九年夏、日本では初めての「世界先住民族会議」が北海道で開かれました。その会議の席上、太平洋にある島（トンガ）から参加した先住民の発言が印象に残っています。

「〈母なる大地〉という表現に反対するつもりはないが、われわれ海を生活の基盤にしている民族にとっては、海こそが生命の源である。〈大地〉という概念に〈海〉も含めてほしい」

この言葉は会議参加者の共感を呼び、私たちは会議の宣言に「海中核実験の禁止」「核廃棄物の海洋投棄の禁止」を盛り込みました。

ユーカラのなかで「トミンカルクル・カムインカルクル・イソヤンケクル・カムイラメトク＝宝物を見る神・神を見る神・獲物を浜にあげる神・神なる勇者」と美しい称号を重ねて呼ばれるシャチは、海を司る神として人間を見守る存在です。シャチが浜へ追い上げて人間に与えてくれるクジラは、「フンペ＝フンと音を出すもの」と呼びます。奮部《ふんべ》、フンべの滝、フンべシュマ（クジラ岩）、オタフンべ（砂クジラ）、フンべオマナイ（クジラの入る沢）、フンべヤンケナイ（クジラをあげた沢）などの地名が、北海道全域の海岸に残されています。

また、各地に伝わっているクジラ踊りでは、腰を曲げ、杖を突いて老婆に扮した人が出てきて、杖の先で寝ている人（クジラ）を探り当て、他の人びとを呼び集めます。そして、「フンペ・ヤンナ・プンポエー＝クジラがあがった音がする」とかけ声をかけながら、寝ている人をくすぐったり、抱えたりするのです。小山のような食料が流れ寄ることがアイヌにとって大きな喜びであったことが、よくわかるでしょう。

夏の海漁

夏の海漁では、海ガメ、カジキマグロ、マグロ、ブリ、マンボウなど大きな獲物が多く、沖合まで漕ぎ出します。イタオマチㇷ゚という大型船に乗り、銛《もり》で獲物を捕る勇壮な漁です。

海ガメの一般的な呼び名はエチンケですが、「アトゥイコㇽ・カムイ＝海を所有する神」「アトゥイコㇽ・エカシ＝海を所有する長老」と、その神性に対する敬意を表した名前でも呼びました。銛で仕留めた海ガメは、大きくて船に入りません。それで、船の外（海中）で解体して持ち帰ります。頭や肉を家の神窓（家の東側にある窓で、神聖な窓とされている）から室内へ入れ、火の神に脂肪肉を捧げてから、コタンの人びとが分けあいました。

カジキマグロはシㇼカプと呼び、「シㇼカプ・ソッキ＝カジキマグロの寝床」「レプン・ソッキ＝沖の寝床」というように、高山の頂きも見えないほどの沖合にいました。海上に姿を見せたカジキマグロの正面に船を回すと驚いて方向を変えるので、その側面にシㇼカプ・キテという大型の銛を打ち込んで捕ったといいます。三〇〜四〇メートルの距離を一番銛から五番銛くらいまで次々に投げ込んだといいますから、これも勇壮な漁です。

仕留めたカジキマグロは、やはり船の外で解体し、切り取った頭を長い吻《ふん》（槍のように長く尖ったくちばし）を上にして船の舳先《へさき》に立て、陸へ向かいます。海岸にいる人は、それを見ればシ_リカプを捕ったことがわかるので、祭壇の用意をして待ちます。神々への報告が終わったら、家の神窓から室内へ入れるのは、海ガメの場合と同じです。

マグロはシピかシ_ムピ、ブリはエス_プロッキかコイコッチェ_プと呼ばれることが多く、どちらも太平洋の内浦湾ではお盆のころに大群が押し寄せたといいます。中型の銛で突いて捕り、肉を薄く切って乾燥させ、貯蔵したようです。夏には暖流にのって、キナポとかヘパル_プと呼ばれたマンボウが北海道の近海にも現れることがあります。海面に浮き上がって昼寝しているところを銛で捕り、肉や腸は煮て刻み、乾燥して保存食とし、肝臓からは油を採りました。

アイヌの伝統的な舟としては丸木舟が有名で、外洋を航海した大型船があったことはあまり知られていません。沖まで漕ぎ出して漁をするときのイタオマチ_プは、古くから北海道のアイヌが、本州や千島列島、樺太(いまのサハリン)、日本海沿岸ロシアとの交易のために建造し、使用した大型船です。丸木舟の上縁に二段から三段の板を縄で綴じつけて造り、トマというゴザ製の帆を上げて帆走します。一七八九(寛政一)年、道東で起きたアイヌ民族最後の武装蜂起クナシリ・メナシの戦い(一二一ページ参照)以後、ロシアへのアイヌの接近を恐れた江戸幕府によって建造が禁止され、記録にあるかぎりでは、二〇〇年近くは造られてきませんでした。

一九八九年、樹齢四七五年の桂を使い、古文書に残された製作工程をなぞって復元された、全長一三メートルを超えるイタオマチ_プは現在、大阪府吹田《すいた》市の国立民族学博物館に収蔵されています。

雨と虹

日本列島の大部分が梅雨に入る六月、梅雨のない北海道は一番さわやかな季節です。降り続く雨や湿気は、なかなか実感できません。むしろ、あまり長く雨が降らないと畑が心配になり、ときおりの雨は喜ばれるほどです。自然現象を神としたり、神の起こした結果と考えたアイヌには、自然現象を抑えたり鎮めたりするための呪法や呪文が数多くありました。日食や地震、大風や大波を鎮めたり津波よけのまじない、雷をとめるためや火山の噴火を抑える呪文もありました。そのひとつに、大雨を鎮める呪文と、雨乞いの呪文があります。

たとえば胆振《いぶり》管内の白老《しらおい》地方では、長雨が続くと、戸外に立てた高い棒の先に「サラニップ＝手さげ袋」か「イチャリ＝ざる」を吊るし、「荒天の神よ。汝にそれができるなら、この手さげ袋(ざる)いっぱいに水を入れろ！　汝にそれができないなら、どこかへ行ってしまえ！」と唱えたそうです。

干ばつのときの雨乞いは、日高管内の様似《さまに》地方に次のような伝承があります。「ホノイノイェプ」と呼ばれる花の咲いているタンポポの茎を、テレケウシという場所へ行って、人目につかないようにして石で叩きつぶしながら、「ホノイノイェプ　ホノイノイェプ。天気を直せ、天気を直せ。雨降れ、雨降れ」という呪文を唱えるというものです。

タンポポの花茎をホノイノイェプと呼ぶのは、この雨乞いの呪術の場合に限られたようです。その意味は「尻をよじりよじり舞う者」なので、雨乞いの祈りをする巫者《ふしゃ》の踊りの所作をとくに指した名前であると、知里真志保博士は書いています。

アイヌは赤ん坊が生まれたときの天候をふつう覚えていて、好天の日に生まれると「カシ・ピㇼカ＝その上・良い」、悪天候の日に生まれると「カシ・ウェン＝その上・悪い」と呼び分けたそうです。そして、長雨を鎮めたいときにはカシ・ピㇼカを、雨を降らせたいときにはカシ・ウェンを外に出して、呪文を唱えさせると効果があるとされていました。幼い子どもほど神の国とのつながりが強いという考え方が現れているのではないでしょうか。

また、アイヌは雨上がりの空に現れる美しい虹を魔物としてたいへん恐れました。虹を伝って魔神が下りてくるとも、人間を呑み込もうと追いかけてくるともいわれ、それから逃れるための呪文が各地に残されています。

もともと下天を司る神の妹であった「ラヨチ＝虹」が結婚前に、本来は白い布で作らなければならないエシㇺケㇷ゚というものをいろいろな色の布切れを寄せ集めて作ったために神々の怒りにふれ、罰として魔物にされてしまいました。だから、虹に追われたときはその魔物の素性を言って、「お前の素性は誰もが知っているのに、恥知らずにもそんな振る舞いをするのか。我が身を省みて恥じよ。この悪い虹め！」と呪文を唱えると、無事に逃れられるというのです。

雨上がりの虹を見ていると、昔のアイヌが感じた不気味さが少しわかるような気もします。

川の魚

旧暦の六月(現在の七月)は「シ・マゥ・ウタ・チュㇷ゚＝本当に・ハマナスの実を・採る月」と呼ばれました。この時期、赤く熟したハマナスの実を集めるのが子どもたちの役割です。たくさん採ったハマナスの実は、種を除いてそのまま食べても美味しいほか、果肉を乾燥させて保存し、料理に使います。また、子どもたちは実をたくさん糸に通して首飾りを作り、「マゥ・タマサイ＝ハマナスの首飾り」と呼んで遊びました。

「オタ・ロㇷ゚＝砂浜のところに・あるもの」とも呼ばれるハマナスはバラ科の低木樹で、太古には山中にあったといいます。その後、他の植物たちに生息地を追われ海岸まで移動し、砂浜でも生きのびる強靭な生命力によって、北海道の海岸を彩る初夏のシンボルとなりました。生きるために生活の場を変えるのが動物だけではないということがわかる、興味深い例です。

この季節、北海道の山中には渓流釣りの人びとの姿が多くなります。山奥の沢をイワナやヤマベ(ヤマメ)を求めて上っていくのです。水面に人影が映っただけで逃げてしまい、よほどの釣り上手しか釣れないといわれるほど数が少なくなったイワナも、昔の川や湖にはふんだんにいました。また、然別湖などにはオショロコマと呼ばれるイワナの一種がいて、「チポㇽケソ＝腹のところに斑点がある」「フレケソ＝赤い斑点がある」と呼ばれています。

松谷みよ子さんの『龍の子太郎』は、太郎のお母さんがイワナを食べ、あまりの美味しさについついい他人の分まで食べてしまったために神の怒りに触れ、龍に姿を変えられるというストーリーです。ところが、昔のアイヌにはそれほど美味しい魚ではなかったようで、ウェペケレにもまずい魚として描かれていました。

ヤマベは「キッラ＝素早く逃げる」とか「キッラポ＝若いキッラ」「ポン・キッラ＝小さいキッラ」と呼ばれ、昔は川をせき止めて一カ所だけ開けた場所に仕掛けた筌《ど》に追い込み、簡単に捕ったといいます。「イチャンコッ＝マスの産卵場に群がる」「イチャンコㇽ・チェッポ＝産卵場をもつ・小魚」とも呼ばれ、「海に出ない怠け者のマス」といわれてきました。マスの産卵場に群れているのは、マスがせっかく川底に埋めた卵をかすめ取るためらしいのです。小型のヤマベをフキの茎に入れ、両端を縛って焚き火で焼くと、蒸しあがったヤマベとフキがとても美味しく食べられます。

初夏に産卵のために川を上ってくるウグイは、「スプン＝赤腹」「スプン・チェッポ＝赤腹の小魚」と呼ばれ、志文《しぶん》、朱文別《しゅぶんべつ》などの地名が各地にあります。「スプン・ペッ＝ウグイ川」に漢字をあてたもので、ウグイが毎年産卵した場所なのでしょう。

ウグイは「シㇼコポㇷ゚＝一面に煮立つ」という別名があるほどで、大群が産卵のために遡上する光景は見事なものです。骨が多くて、そのままでは食べにくいのですが、焼き干しにして保存し、料理に使いました。また、凍らせてルイペにすると美味しく食べられます。

鳥の伝承

夏の野山に遊ぶ子どもたちは、細かい粒々が真っ赤に熟したキイチゴを摘んではおやつにします。アイヌは、イチゴ類に限らず実の赤くなるものはすべて「フレッㇷ゚＝赤いもの」と呼びました。北海道で一番多いフレッㇷ゚は、キイチゴのなかでもエゾイチゴです。「エマウリ」「ユケマウリ＝クマイチゴ」「ヤヤン・フレッㇷ゚＝ふつうのイチゴ」などと呼ばれるエゾイチゴのほかに、山中に生えるクマイチゴは「エエンニ・フレッㇷ゚＝刺の木のイチゴ」、クロイチゴは「クンネ・エマウリ＝黒いイチゴ」と呼びました。いずれも強い酸味と甘みがあり、そのまま食べるほかにジャムや果実酒にして楽しむことができます。

この時期「トゥレッㇷ゚＝オオウバユリ」を掘りに山に入ると、林の奥から急に飛び立つ鳥がヤマシギ。そこから「トゥレッㇷ゚・タ・チリ＝オオウバユリを掘る鳥」という名前がつけられたようです。人間と同じように、長いくちばしで鱗茎を掘っていると考えたのでしょう。

鳥についての伝承（ユーカㇻやウェペケㇾ）は、各地にたくさん残っています。重い（大切な）神とされるシマフクロウはじめ、カラスやスズメ、カケスなどコタン近くにいる鳥や、季節ごとの渡り鳥には、それぞれの特性に見合った名前があり、物語があります。また、それぞれが位の重さに差はあっても、みな神として扱われているのは、天と地を行き来する姿に強い神性を認めていたからでしょう。北海道にはいないはずのクジャクにさえ「ケソラプ＝斑点の多い翼」という名前と伝承があり、地名も残されています。知里真志保博士は、和人のもってきた金蒔絵《きんまきえ》などに描かれたクジャクの姿から想像したのだろうと書いています。

「フリー」「フリー・カムイ」というのは、伝承に登場する片翼の長さが七里(約二八キロ)もある巨大な魔鳥です。飛んでくると太陽の光がさえぎられ、あたりが暗くなって女や子どもがさらわれるといいます。正体はわからないけれど恐れられている鳥は、これだけではありません。

「オケム」「オケプ」は夜鳴く凶鳥で、「ポクナシリ＝地下の世界」の鳥とされています。「パコル・カムイ＝歳を支配する魔神」「パヨカ・カムイ＝渡り歩く神」と呼ばれるのは渡り鳥の一種で、伝染病(とくに天然痘)を運んで来ると考えられて恐れられました。春に渡って来る鳥につけられたらしいこれらの名前は、季節ごとに漁場にやって来る和人の出稼ぎ労働者が運ぶ伝染病の流行と無縁ではなかったように思われます。

これらの鳥は地域によって伝えられている色や形が違い、特定はできません。ただ、やって来ると村中からたばこ、プクサ(ギョウジャニンニク)、トゥレップ、米、粟、干し魚などを集め、村のヌサ(祭壇)に供えて、「これらをあげるから、この村は素通りしてください」と頼んだのは共通しているようです。

ヤイサマ

ユーカㇻやウェペケㇾのほかに、アイヌには多くの歌謡が各地に残され、伝えられています。それらの歌は、大きく次のように分けられます。

①踊り歌、②労働歌、③遊戯歌、④鳥虫歌、⑤子守歌、⑥叙情歌。

子どもの遊びのなかで歌われたり、特徴が歌にされたり、鳥の歌は数多くあります。叙情歌のなかから、私の好きな歌を紹介しましょう。叙情歌はもともと個人的・即興的なもので、人が心を動かされたときに、その気持ちを即興的に歌にしました。だから、本来は一度限りで消えてしまいます。しかし、優れた叙情歌は聞いた人たちが記憶して伝承し、今日まで残されてきました。「イヨハイオチㇱ＝哀傷歌」「ヤイカテカラ＝恋の歌」と並んで、「ヤイサマ＝自分の心を述べる」と呼ばれる種類の歌のひとつです。

私の大事な恋人が　どこか遠いところへやられた
あなたはいまどこにいるのか
鳥になりたい
風になりたい

風よ　憎い風よ
お前は自由な風だから
お前だけは私の恋人の　まわりをまわり
さわっても歩けるだろうが
私は人間だから　行くことができないのだ
ヤイサマネナ
仕方ない
風にでも　鳥にでもなって
飛んで行ったら
恋人にさわれるだろうか
ちょっとでも姿を見れないだろうか
ヤイサマネナ
ヤイサマネナ…………

幕末のころ一人のアイヌ女性によって歌われたと思われるこのヤイサマが生まれる背景には、次のような歴史があります。

一六六九年、日高地方のアイヌを中心に起きたシャクシャインの戦いでアイヌ軍を破った松前藩は勢力範囲を徐々に広げ、クナシリ島と道東のアイヌが武装蜂起した一七八九年のクナシリ・メナシの戦いでもアイヌを制圧して、全道を支配下に置きます。このころには、北海道を実質的に支配するのは和人の大商人になっていました。海岸沿いに点在する「請負場所」を中心に、漁場の労働力としてアイヌを奴隷に近い状態で酷使し、収益をあげていたのです。

春――マス、ニシン、タラ漁と加工。夏――昆布、ナマコ、アワビ、イワシ漁と加工。秋――サケ漁と加工。早春から雪が降るまで働かされ、報酬として渡されるのは、男が三升(約四・五kg)入りの米一～二俵、女はたばこ二一～三杷《ぱ》と縫い針やマキリ(小刀)だけでした。しかも、食事は一日一椀の飯か粥しか与えられず、アイヌは次々に死んでいきます。さらに、和人労働者(支配人や番人)が持ち込んだ病気が、死者の増加に拍車をかけました。

『新北海道史』によると、一八一七年に二万六八〇〇人だったアイヌ人口は、一八五四年には一万八〇〇〇人に減っています。わずか四〇年弱で一万六〇〇〇人も人口が減った理由は、和人による酷使、虐待と伝染病の持ち込みだったのです。請負場所では、労働力の減少を全道のコタンからのアイヌの強制連行によって補いました。幕末に北海道を探査した松浦武四郎の『近世蝦夷人物誌』(一八五八年)には、その実態が細かく記されています。

「鳥になりたい　風になりたい」というヤイサマは、こうして恋人を奪われた女性の悲痛な思いが歌われたものなのです。

セミとホタルとカの話

こんな内容のカムイ・ユカㇻ（神のユーカラ）が、各地に残されています。
〈昔、ある村に六代にわたって生きてきたイワンペ（六つという意味）という名の老婆がいた。あるとき、その老婆が「山津波と津波が両方から押し寄せてくるから、崖上の村へ避難しろ」と言う。村人は皆そのとおりにしたが、あわてたので、イワンペを助けるのを忘れてしまう。家といっしょに流されたイワンペは、泣きながら神々に救いを求めたが聞き届けられず、どこか遠くの海岸に打ちあげられてしまった。神は、多くの人命を救ったイワンペが海岸で朽ち果ててしまうのを憐れんだ。そして、セミにその姿を変えてやり、冬は神の国に、夏は人間の国に戻れるようにしてやった〉

夏を代表する虫のセミは「ヤキ」と呼ばれるのが一般的で、その鳴き声から名づけられたようです。セミが老人になったり、老人がセミに変わったりする伝承が、各地にあります。地中から出て木に登っていく幼虫の姿が、腰を曲げて歩く老人を連想させたのでしょう。

ホタルもまた夏の虫です。農薬汚染や開発によって生息地を奪われ、北海道でもなかなか姿を見られなくなりました。それでも、夏の夜の闇の中で飛び交わすのに出会ったときは、思わず息をひそめて見入るほどの美しさです。

「ニンニンケプ＝消え消えするもの」「ニンニンケプ・カムイ＝消え消えする神」が多く使われ、「トムトム・キキリ＝ピカピカ光る虫」とも呼ばれました。カムイがつくのは、神様と考えられることもあったからです。「トゥカナカナ」というサケヘ（繰り返し言葉）をはさみながら語られる、次のようなカムイ・ユカルがあります。

〈私が海の表面の隅々まで強い光で照らしながら、自分に似合いの夫を探しに飛んでいくと、一人の若者に出会った。よく見ると、その若者は斜視だったので気にいらず、さらに飛んでいくと別の若者に出会った。その若者は目が金色なので嫌になって、また飛んでいくと、あごにひげのある若者がいた。やはり気にいらず、海の向こうまで飛んでいった。そこで出会ったのは、身体も目も大きく、鼻が少し長いけれど、とても良い男で、私にはピッタリの夫だと思った。それで、私はその若者をお婿さんに選んだ。私の夫は強いカジキマグロですと、一匹のホタルが言った〉

ホタルが最初に会ったのはヒラメ、次が

サメ、その次に会ったのはタラでした。ホタルがカジキマグロと結婚するのが不自然でないのは、神の国では神々は人間と同じ姿で暮らしていて、人間の世界に来たときだけ神の姿になっていると考えられていたからです。また、このカムイ・ユカㇻから、昔のアイヌ社会では結婚相手を選ぶのは女のほうが多かったこともわかります。

「大きな身体の私は、海の表面の隅々まで強い光で照らしながら」と謡われるユカㇻは、実際の様子とは反対のことを言っており、アイヌのユーモア精神が伝わって愉快です。同様のおかしさが、ちっぽけなカが大風呂敷を広げた「カの唄」にもあります。

栗の木の枝に
おれが止まったら
ちぎれた折れた
柏の木の枝に
おれが止まったら
ちぎれた折れた

夏の虫たち

夏、子どもたちが夢中になるのがクワガタ捕りです。北海道には一本角のカブト虫はいませんが、クワガタは種類も多く、大きな雄を探して走りまわります。「チクパ・キキㇼ」「イクパ・キキㇼ」「チクパㇷ゚」というアイヌ名はいずれも「チンチンを噛む者」という意味で、おとなが子どもたちをからかいながら脅かしたのでしょう。雌は「ポクパㇷ゚」「ポン・イクパ・キキㇼ」（小さいクワガタ）と呼びました。他の虫は雌雄で名前の呼び分けをせず、クワガタだけを厳密に呼び分けていました。ここから、昔のアイヌの子どもたちも、夏はクワガタ捕りに駆けまわっていたことが想像されます。

キャンプの夜、子どもたちは遅くまで眠らずにがんばって、クワガタの集まる栗やナラの木を順にまわり、懐中電灯で照らしては捕まえるのです。一匹捕まえるたびに、焚き火を囲んでいるおとなたちのところへ報告に来る子どもの相手をしながら、虫よけにヨモギを火に入れ、煙を上げているうちに、夜がふけていきました。

夏の野山では、寄ってくる虫から身を守るのがひと仕事です。油断していると顔や手足に止まって血を吸う虫たちの誕生について、釧路地方にはこんな伝承があります。

〈人間界に悪の種を播いて暴れていた魔神を英雄オタスッウンクㇽがやっと捕まえて、殺した。そのままにしておいて生き返っては大変なので、魔神の上に枯れ木を積み重ねて火をつけ、六日六晩燃やし続けて焼きはらった。さすがの魔神も跡形なく灰になったので、人びとは安心して祝いの酒を飲み、ぐっすりと寝こんだ。ところが、夜中になって、魔神の燃えかすがかすかな夜風にふわりと灰を舞い上がらせ、羽が生えてブーンとうなったかと思うと、大きなアブになって飛び去った。次に吹いた風に舞い上がった灰が、鋭い音を立てて痩せたカになり、煙のように舞い上がった黒いほこりがブヨになって飛んでいった。最後に音もなく舞い上がって、寝ている人びとの着物の中にもぐり込んだのがヌカカである。だから、これらの虫は悪魔の性が抜けず、人間の後を追っては血を吸うのだ〉（更科源蔵『コタン生物記』）。

魔神の灰から最初に生まれたアブは「シラウ」と呼びます。アブは人間よりはシカやクマ、ウマを襲うことが多く、木材の伐り出しにウマを使っていたころ、アブの季節になると「アブ休み」といって仕事を中断する地域まであったそうです。次に生まれたカは「エトゥ・タンネ＝鼻長」とか「エトゥ・タンネ・キキㇼ＝鼻長虫」と呼ばれます。

三番目に魔神の灰から生まれたブヨは「ポン・キキㇼ＝小さい虫」「イピロレㇷ゚＝刺すもの」と呼ばれ、羽音で気がつくカと違って音もなく肌に飛びつき、飛びついたかと思うといきなり血を吸うという、始末におえない虫です。最後のヌカカは「イチョッチャㇷ゚＝刺すもの」「エライライ＝ひどくかゆい」などと呼びます。どんなすき間からでも入り込んでくるので、たまりません。まさに魔神の四兄弟といえるでしょう。

ノミとシラミ

吸血虫の話で身体がむずがゆくなったついでに、ノミとシラミについて紹介しておきます。いまではノミやシラミを見たことのある人は珍しくなりましたが、私の子どものころは銭湯へ行くと、まず脱衣かごを裏返しにしてトン・トンと床に叩き、それから脱いだ服を入れたものです。「かごについているノミやシラミを払い落とすために叩くんだ」と教えられました。それくらい人間に密着した虫でしたから、各地にウェペケレが数多く残っています。

最初は、ノミとシラミがどこから来たかを物語るウェペケレです。

〈雷の神に二人の子どもがいて、下界のアイヌ女性を好きになった。一人の子雷が「ノミになって彼女の胸のあたりをとびまわりたい」と言うと、もう一人の子雷は「シラミになって彼女の胸のあたりにじっとしていよう」と言う。父親の雷神はすっかり怒って、二人を本当にノミとシラミにしてしまった。だから、いまでも雷が鳴るとノミとシラミがはい出してくるのだ〉

次の話は、シラミを夫にした女性のウェペケレです。

〈ノミがシラミに「川上に娘が二人住んでいる。先に着いた者が美しい妹を妻にし、負けた者が姉を妻にしよう」と言った。ノミは先に行って丸木橋をピョンピョン渡ったが、足を滑らせて川に落ちてしまった。シラミはそろりそろりと橋を渡って、無事に娘たちの家にたどり着いた。その夜、シラミが妹の胸にもぐりこんでいくと、「ずうずうしい奴め」と言って指でつままれ、はじき飛ばされてしまった。次に姉のふところに入ると、「どこの若者が来てくれたの」と冗談を言って、そのまま眠ってしまった。翌朝目を覚ますと、姉の隣に寝ているのは天上からおりた立派な若い神だった。それから、姉は若い神といっしょに幸せに暮らした〉

ウェペケㇾには必ず教訓があります。この話の教訓は「器量が良くても、思慮がなければだめ。顔が悪くても、心が良ければ幸福に恵まれる」というものです。

シラミはアイヌ語で「キ」といい、頭ジラミを指すことが多く、衣ジラミは「ウル・キ」、毛ジラミは「ラヨ・キ」と言います。ノミはどこでも「タイ・キ＝森のシラミ」と呼ばれますが、その理由はよくわかりません。ただ、ノミは川砂からわくといわれ、十勝管内の大樹《たいき》という地名は「タイキ・ウㇱ・ナイ＝ノミ多い沢」からきているそうです。野営してノミに悩まされる人が多かったのでしょうか。ノミとシラミの論争というウェペケㇾもあります。

〈一人の男が日なたぼっこしていると、襟元でノミとシラミが論争している声が聞こえてきた。頭シラミが「お前は汚い生まれだから、人間の首から上には上がれない。おれは上等だから、人間の頭にばかりいるのだ」と言った。すると、ノミはくやしがって「おれだって人間に捕まって炉縁でつぶされれば炉縁にいる神になるし、歯の間でつぶされれば歯の間にいる神になれるんだ。お前なんか汚い者だから、人間が指でつまんでもみつぶすことしかしないから、貧乏神にしかなれないんだ」と言った〉

太陽と月と星

「お天道様と米の飯はついてまわる」というのは、よく使われる言葉です。日照時間が少ない冷夏の年は米が不作となり、米パニックが全国を襲うこともあります。減反政策の影響なども関係していますが、農業にとって太陽がどんなに大きな役割を果たしているか、あらためて知らされます。農耕民族が「陽《ひ》の神」を最高神として位置づけるゆえんでしょう。

基本的には狩猟民族であるアイヌにとって、太陽はそれほど重要な神ではありません。高い天にいる神のなかで位が高いのは、「カントコㇿ・カムイ」「カンナ・カムイ」と呼ばれる雷神であり、太陽よりは月や星のほうが重視されていたようです。太陽も月も「チュㇷ゚」といい、呼び分ける必要があるときには「トカㇷ゚・チュㇷ゚＝昼のチュㇷ゚＝太陽」「クンネ・チュㇷ゚＝暗いチュㇷ゚＝月」といいました。太陽はいつもあるものなので意識する必要がありませんが、月は夜になっても必ず現れるわけではなく、形もいつも変化しているので、注意して見ることが多かったのでしょう。季節や天候を知るうえで、月が果たす役割は大きかったのです。

移動して狩りをしている人びとにとって、星もまた重要な存在でした。星は「ノチゥ」と呼び、北極星は「チヌカㇻ・ノチゥ＝我らが見る星」や「ポロ・ノチゥ＝大きな星」です。目印として位置づけていたことがわかります。夏の夜空に広がる天の川は「ペッ・ノカ＝川の影」。

各地方の大河が空に映ったものと考えられたのでしょう。

月や星の伝承は、各地にたくさん残されていて、その神々の登場するユーカㇻやウェペケㇾも数多くあります。これに対して、太陽に関しては日食についての伝承があるくらいです。いつもあるものが消えていくのは、アイヌにとっても大変なことで、日食にまつわるユーカㇻは各地に伝わっています。

「チュプ・チルキ＝日が呑まれる＝日食」は、魔神が太陽を呑み込んでしまう現象と一般に考えられました。それで、太陽が魔神に負けないように応援するためのかけ声「チュプ・カムイ　ホーイ　エライ・ナ　ホーイ　ヤイ・ヌパ　ホーイ＝お日さまホーイ、あんたは死ぬよホーイ、息ふきかえせホーイ」を叫びながら、板切れを叩いたり、弓矢を放ったりしたのです。白老地方では家の屋根に昇って刀を振りかざし、太陽を力づけました。

太陽を呑み込む魔神というのは悪い黒狐であったり、海の大ダコやカラス、オキナと呼ばれる巨鯨という地方もあって、さまざまです。ただ、人間が一生懸命応援さえすれば、やがて太陽が魔神を打ち負かして元の姿に戻ることができるというのは、共通しています。

お墓参り

夏の最大行事はお盆でしょう。お盆は仏教の習慣(宗教行事)ですが、他の信仰をもっていたり無宗教でもこの時期に休日をとり、お墓参りのために帰省する人びとが多いようです。現在では大部分のアイヌが仏教徒になり、伝統的な信仰行事とは別に仏教による行事を行うのがふつうですから、お墓参りも和人と同じようにしています。

けれども、それは最近の一〇〇年間に浸透し、定着した習慣です。アイヌ本来のお墓に対する考え方は違います。人が一生を終えると、その魂は先祖の待つ「あの世」へと旅立ち、そこで「この世」と同じ生活を始めるというのが、アイヌの死後についての考え方でした。

墓地で埋葬した死者の頭のところに立てる墓標を「クワ」と呼びます。それは「杖」のことで、文字どおり死者があの世の先祖のところまで迷わずたどり着くための案内役です。だから、エンジュやドスナラなどの木で作られた墓標には家紋が刻まれたり、家系を表す編みひもが巻かれたりして、間違いなく死者が行きつけるようにしてあります。その墓標が時とともに朽ちて土に還っても、新しい墓標に立て替えはしません。死者があの世へたどり着いたとき、墓標は役割を終えるからです。

死者を埋葬した後は、遺族は墓地へめったに行きません。あの世へ向かっている死者を振り返らせたり、先祖たちの生活を騒がせてはいけないという考えからです。だから、アイヌの伝統的な習慣に「墓参り」はありません。それに代わるのが「先祖供養」でした。

「イチャルパ」「シヌラッパ」「シンヌラッパ」と地方によって呼び方は変わりますが、家ごとや村ごとに、ひんぱんに行われました。いまでも、お年寄りのいる家では折にふれて行われますし、アイヌが集まる伝統行事のときには必ず行われます。

年始や年末、収穫期など季節の節目や、クマ送りやサケ迎えの神事には、カムイノミ(神への祈り)が終わってから、先祖への祈りと報告が行われるのがふつうです。戸外に設けられたヌササン(祭壇)は神々のためのもので、その隣に用意したイチャルパ・ヌサという先祖供養のための祭壇の前に座ります。そして、お酒やたばこ、ご馳走をイナウ(五二ページ参照)とともに供え、それらを届けたい人の名前を呼んで、火の神が無事に運んでくれるように祈るのです。

この供物は、あの世へ行くと「六倍、六〇倍にもなって」、先祖たちが集まって食べても食べ切れないくらいになると信じられてきました。こうして先祖たちは、自分の子や孫たちが無事に元気で暮らしていることを知り、安心して自分たちの暮らしを静かに続けられるのだといいます。

「墓参り」に代わる「先祖供養」が一年に何回でも行われるのが伝統的なアイヌの習慣であり、それはいまも守られています。

舟を使い分ける

立秋が過ぎ、お盆が過ぎても、暑い日が続いています。長期予報は冷夏だったのが、一転して猛暑となり、「異常気象」という言葉がひんぱんに使われました。三〇年を一サイクルとして、その間に記録されたことがないくらい平均値からかけ離れた気象現象を、異常気象と呼ぶそうです。四〇年ぶり、五〇年ぶりの高温や真夏日の連続は、異常といわれても仕方ないかもしれません。

けれども、地球が誕生して以来、数万年〜数十万年の周期でその様子を変えてきたことを思うと、人間がたかだか五〇年や一〇〇年の体験だけで自分たちの環境を「異常」と決めつけるのは、不遜のようにも感じられます。地球規模で進行している都市化や二酸化炭素排出量の増大が気象に影響を与えているとすれば、ほかならぬ人間も「異常気象」の一因になっているでしょう。

「サク・コタン＝夏の村」「サク・ル＝夏の道」が語源の地名が北海道各地に残されているように、夏は昔のアイヌが行動範囲を広げる季節でした。原生林が生い茂り、わずかにけもの道が通っているだけの山野を長距離移動するには、川と海を道路にするのが最良の方法でした。もちろん、舟を使っての移動になります。

「チプ＝我ら乗るもの＝舟」は丸木舟が多く、ほかに「ヤラチプ＝樹皮舟」や「イタオマチプ＝板綴り舟」などがあります。「トントチプ＝革舟」というアザラシやトドの革で作った舟もあったといいますが、私は博物館の展示でしか知りません。

丸木舟はバッコ柳か桂の大木から造り、それに板を綴じつけて大型にしたのがイタオマチプです。ヤラチプはキハダの大木の皮をはいで造ります。

使う場所(川、海、湖沼)や目的(人の移動、物の運搬、漁)によって使い分けるので、どのコタンにも大小さまざまな舟がありました。湖沼や川だけで使われる舟は肉厚に削られた大型の丸木舟が多く、海での移動に使われる舟は同じ丸木舟でも薄く削られた小型が多かったといわれています。それは、海岸沿いの歩きやすいところや暗礁の多い難所では陸にあがって舟を運んで歩き、それ以外は陸沿いに舟で進むという方法で、長距離を移動したからです。

海での漁、樺太や千島列島への外洋航海には、イタオマチプを使いました。狩猟・漁労とともに、交易はアイヌの生活を豊かにするために不可欠でしたから、古いアイヌ絵(和人絵師による風俗画)には、外洋でイタオマチプを操るアイヌの姿が多く描かれています。

いずれの舟も、乗ってみると現代の鉄船や樹脂船と違って木の温かみが伝わってきて、「舟の女神」に守られ、抱かれているという安心感に包まれます。この舟を駆って川や海を漕ぎまわっていた昔のアイヌの姿を彷彿とさせられました。

アイヌの信仰

【信仰】「信じたっとぶこと。宗教活動の意識的側面をいい、神聖なもの（絶対者・神をも含む）に対する畏怖からよりは、親和の情から生ずると考えられ、儀礼と相俟って宗教の体系を構成し、集団性および共通性を有する」

【宗教】「神または何らかの超越的絶対者、あるいは卑俗なものから分離され禁忌された神聖なものに関する信仰・行事。……帰依者は精神的共同社会（教団）を営む。……多くは教祖・経典・教義・典礼などを何らかの形でもつ」

これは『広辞苑』からの抜粋で、信仰と宗教の違いがわかりやすく説明されています。この定義でいうと、アイヌの信仰に基づいた生活は宗教とは異なると考えられます。「カムイユカㇽ＝神のユーカㇻ」が信仰の規範となっているのは確かですが、経典・教義とは異なるし、（キリスト、釈迦、マホメットのような）教祖と呼ばれる人もいません。また、コタンという生活共同体は、教団的な精神的共同体とはまったく違います。

宗教という枠組みを必要としない信仰活動に支えられて、伝統的なアイヌ社会は成り立っていました。カムイ（神）をいつも身近に感じ、意識しながら暮らす昔のアイヌにとっては、「人間の分を守って」「神に恥じることなく」生きることがもっとも大切であり、それをまっとうできた者は「アイヌ・ネノ・アン・アイヌ＝人間らしくある人間」として尊敬されたのです。

クナシリ・メナシの戦い（一七八九年、一二二ページ参照）の後、南下してくるロシアに対して、蝦夷地と呼ばれた北海道を自国の領土として確立しようとするさまざまな施策が、江戸幕府によって行われました。ヨーロッパ諸国が植民地を拡大したときもそうですが、新たに自国の領土として確立するためには、元々その土地に住んでいた人びと（先住民）を殺すか、同化によって固有の民族性を奪うのが一般的な方法です。同化のために使われたのが宗教の強制で、欧米ではキリスト教、日本では仏教が利用されました。

幕末の一八〇四（文化一）年、江戸幕府は蝦夷地に三つの官営寺院を建造し、それぞれに各宗派の高僧を住職として赴任させて、仏教の布教にあたらせました。それらが、有珠《うす》（胆振地方）の善光寺（浄土宗）、様似《さまに》（日高地方）の等澍《とうじゅ》院（天台宗）、厚岸《あっけし》（釧路地方）の国泰寺（臨済宗）です。蝦夷三官寺と呼ばれ、現在も残っています。そのころロシアも自国の宗教にアイヌを改宗させようと、ロシア正教の教会を千島列島のウルップ島に建て布教活動にあたりましたが、成果はあまりなかったようです。

時代が明治に変わり、和人の移住者が怒濤のように北海道へ押し寄せるなかで、各地に寺院や神社が建ち、キリスト教の布教も盛んになりました。アイヌにも仏教が浸透し、いまでは結婚式は神前で、お葬式は仏式でという、和人と同じ習慣が定着しています。それでも、カムイノミやイチャルパなどの信仰行事は家庭や地域ごとに行われ、守られてきました。

アイヌの世界観

アイヌは世界をどう考えていたのでしょうか？

世界は「神＝カムイ」「人間＝アイヌ」「もの」の三つによって成り立っていると、アイヌは考えていたようです。カムイは、人間が素手で立ち向かってもかなわない強い力をもっています。人間にとって大事な存在であるか、有害な存在です。ものの多くは人間が作りました。それは人間にとって必要ではあるけれど、人間より劣っている存在です。

ふだん神は、高い天の上にある「カムイ・モシㇼ＝神の国」で、人間の姿をして、人間と同じように暮らしており、人間とものは「アイヌ・モシㇼ＝人間の国」で暮らしています。そして、神が人間の国を訪れるときは、その神特有の姿になって天上から下りてくると考えます。クマの神であれば、クマの毛皮を着

て、たくさんの肉をその下に抱えてくるのだと……。

神が人間の国にやって来る(下りてくる)のは、人間たちに毛皮や肉を与えるためです。だから、精神のいいアイヌに出会ったときには自分の生命を捨てて(狩られて)、毛皮や肉を残して霊になり、天上の神の国に帰っていきます。そして、帰り着いた神の国で、霊は人間と同じ姿に戻り、ふだんの生活を続けます。神の国にいるさまざまな神たちは、ときどきその神特有の姿に扮して人間の国を訪れ、やがて神の国に戻るということを繰り返しているのです。カムイ・モシㇼとアイヌ・モシㇼを行ったり来たりしているのがカムイだと、アイヌは考えていました。

それに対して人間は、この世(アイヌ・モシㇼ)に生まれ、そこで一生を終えると、霊は天上の神の国(カムイ・モシㇼ)へ行き、人間の姿に戻って、先祖たちといっしょに暮らします。人間が神の国から戻ってくることはないというのが、基本的な考えでした。例外は赤ん坊です。名前をつけられる前の赤ん坊は、人間ではなく神の子だと考えていましたから、名前がないまま亡くなった子どもは、神の国から人間の国に帰ってくることもあります。

さて、冒頭の疑問です。アイヌは世界をどう考えていたのでしょうか?

カムイ・モシㇼ、アイヌ・モシㇼ、それにポクナ・モシㇼという三つの部分で世界が構成されているというのが、アイヌの世界観です。

「(テイネ)ポクナ・モシㇼ＝(じめじめした)下にある国」は、アイヌ・モシㇼの下(地下)にある「死者の国」で、妖怪や魔神たちが住んでいるといわれます。人間はこの世での生を終えると、霊は先祖の待つカムイ・モシㇼへと旅立ちますが、まずは地下にあるポクナ・モシㇼを通り抜けなければなりません。

暗くじめじめしたポクナ・モシㇼを、妖怪や魔神たちをかわしながら、墓標（クワ＝杖）に先導されて、天上のカムイ・モシㇼへと歩き続けるのです。それにかかる時間はこの世にいた間（生前）の行いによるといわれ、行いの正しい生涯を送った人は、短時間で暗い世界から抜け出られると考えました。

日高管内の静内町（現在は新ひだか町）に住み、一九九三年に九八歳で亡くなった織田《おりた》ステノ・フチが元気だったころに教えてくれました。

「イチャルパ（先祖供養）は、亡くなってから一年以上たってからするもんだよ」

織田フチによると、人が死んですぐはポクナ・モシㇼを歩いているから、供物を供えてもカムイ・モシㇼで受け取れないというのです。彼女の意識では、一年たてばカムイ・モシㇼに着いているということだったのでしょう。

北海道内の各地（海岸の近くが多い）に、「アフンパㇽ＝あの世の入り口」と呼ばれる洞窟があります。狭くて奥が見えない暗さは、いかにも死者の霊が入っていくのにふさわしい不気味な雰囲気です。

第3章　実りの秋は冬へ急ぎ足……

収穫の喜び

アイヌ語で秋は「チュク」、川は「ペッ」といい、北海道内には築別《ちくべつ》、忠別《ちゅうべつ》、直別《ちょくべつ》など、チュク・ペッが語源と思われる地名がたくさんあります。けれども、なぜそう名づけられたのかはよくわかっていません。

「チュク・ペッ＝秋の川＝夏は涸れていて、秋に水を湛える川」や「チュク・チェプ・ペッ＝秋の魚（サケ）の川」という説がありますが、アイヌ語地名にくわしかった山田秀三さんは、どれとも断定はできないと書いています。いずれも秋にはサケが遡上する良川で、かつてアイヌにとって大切な川だったことは間違いありません。だからこそ、今日までその地名が残っているのでしょう。

道内各地の川や海で、秋サケの姿が見られるようになりました。季節は、秋に入ったのです。「マッネパ＝女の季節＝夏」の仕上げともいえる秋は、収穫、そして冬の準備と、女性にとって一段と忙しい季節です。その忙しさのなかに収穫の喜びと、野山の実りに対する感謝をこめた充実感があふれています。

現在でこそ北海道の米の産出量は全国の八％近くを占め、稲作をおもにしているアイヌの農家も多くなりましたが、明治の中ごろまでは米が穫れませんでした。明治維新とともに北海道へ渡ってきた開拓農民は、畑作によって生活をしていたのです。また、アイヌだけで生活をしていた時代は、自分の家のまわりにつくった畑で栽培する数種類の作物で、自給自足の生活を送っていました。

「ムンチロ＝粟」「ピヤパ＝ヒエ」「メンクル＝イナキビ」は相当に古くから栽培されていたようで、アイヌ語で呼ばれています。一方、ジャガイモ、豆、カボチャにはアイヌ語がありません。新しく(幕末ごろ?)入ってきた栽培作物であることがわかります。春に植え、夏の間に草を取り、水をやって育てたこれらの作物を秋に収穫・保存し、春以来採集・保存してきた山菜類とともに料理して、長い冬を暮らしていたのです。

栗やヒエ、イナキビなどの穀類は、鎌で刈るのではなく、ピパという沼貝(川貝)で作った道具で摘み取りました。カラス貝と呼ばれることが多い、殻の大きな貝を選んで上側に二つ穴を開け、紐を通し、下端を砥石《といし》で鋭く研《と》ぎます。そして、中指と薬指を紐に通し、貝殻を手のひらに握るように持って、穂先を貝殻と手のひらの間に挟んで、刃の部分で切り取るのです。言葉で説明すると面倒ですが、実際にやってみると意外に簡単で、一つかみずつの穂が面白いように摘み取れます。

昔は鎌があっても穀物の収穫には使わず、このピパで一穂ずつ摘み取りました。鎌で切られると生き返らないといわれ、鎌は魔除けに用いられたので、粟やヒエの再生を願うアイヌは決して使わなかったのでしょう。

サケの名前

「チュク・チェプ＝秋の魚」とも呼ばれるサケが海から川へ遡上を始めると、秋です。「シペ＝本当の食べ物＝主食」とも呼んだのは、昔のアイヌの生活に欠かせない食料だったからです。茨《やぶ》イチゴを「シペ・フレプ（サケのイチゴ）」と呼び、この実が赤くなるとサケが川に入るといって漁の目安にした地域があるので、夏の最盛期にすでに秋が始まっていることがわかります。

アイヌは、川は山から海に来るものではなく、海から山に行っていると考えました。川も生き物として捉え、河口が頭で、水源を尻尾とし、途中で手や足が分かれているという発想です。川は主食のサケやマスが海から水源に向かって子孫の生命を産みつけるために上っていく道であり、いったん上った魚が再びこの道を通って海に帰ることはないからです。そして、新しい生命の生まれる産卵場（イチャン）が、人間がコタン（村）をつくって住むところでした。同時にその場所は、サケやマスを食料とする神々、シマフクロウやキツネなどが集まるところでもあったのです。

生活に欠かせないサケを、アイヌは多様な名前で呼びました。知里真志保博士の『分類アイヌ語辞典・動物編』には、一般的な名称に加えて、季節・海にいるとき・川へ入ってから・成長段階・性別・大きさ・異様なサケに分けて、八〇種類あげられています。さらに、サケの処理法による名称として一七種類、サケを利用するための見分け方に伴う名称が三六種類記録され、全部で一三三の名前を収録しているのです。生活に占める位置の重要さがよくわかります。

「チェプ」は魚の総称ですが、単にチェプといえばサケを指すのがふつうです。「カムイ・チェプ＝神・魚」が一般的なサケの呼び名ですが、この呼称については次でふれましょう。

秋が過ぎ、冬になってから川に上ってくるサケは「マタ・チェプ＝冬の魚」「メオルン・チェプ＝寒気に向かって入る魚」です。海にいる銀色(いわゆる白毛)のサケは「アトゥイオルン・チェプ＝海中にいる魚」「エルイペ＝光る魚」と呼び、川に入って保護色のブナ毛になったサケは、「ペトルン・チェプ＝川の中にいる魚」「ペウレ・チェプ＝若い魚」「アシッ・チェプ・カムイ＝新しい魚の神」などと呼びました。

川に入り、産卵場をめざして遡上するサケは、だんだん体色が濃くなり、ヒレや尻尾がすり切れてきます。「ペテチ・チェプ＝川で焦げる魚」「メスカス＝背ビレが白くなった雄サケ」と呼ばれながら産卵場にたどり着き、「メッカウシ・チェプ＝(産卵場の)上にいる魚」「イチャン・チェプ＝産卵場の魚」となって産卵という大仕事を終え、ほどなくその生命を終えるのです。

ホッチャレと通称される産卵後の老魚は、「オイシル・チェプ＝尻をものがこすった魚」「オキライ・チェプ＝尻が櫛になった魚」「チポロ・サク＝卵なし」「ウプ・サク＝白子なし」と呼び、その利用法は多様でした。

カムイ・チェプ

昔は「川底の群れは小石に腹をこすり、川面の群れは天日に背中を焦がし」とユーカㇻ（神謡）に謡われたほど、秋の川には大量のサケが遡上したものです。けれども現在は、下流に設けられた簗《やな》やダムに阻まれて、産卵のために上流まで上ることのできる川はほとんどなくなってしまいました。「イチャン」「イチャニ」というサケの産卵場を表す名前も、古い地名として残っているだけです。

それでも、人間は海や下流で捕らえたサケを食べられますが、上流で遡上を待っているクマやキツネ、シマフクロウなどは、口にすることが困難になってしまいました。森林や田畑、ゴルフ場に散布される農薬による汚染と相俟って、北海道の川は生命を絶たれようとしています。川が死に、森や動物たちが生命を失おうとしている状態を開発や進歩と呼ぶのでしょうか。海から山奥へと生命を運ぶ、生き物としての川を取り戻したいと思います。

サケを「カムイ・チェㇷ゚＝神・魚」と呼ぶのが一般的だと書きましたが、他の動物のようにその個体自身の中に神が存在するのではないと、アイヌは考えていました。陸の獲物の代表であるシカが、シカを支配する神のサラニㇷ゚（袋）の中に入っているように、サケも「チェㇷ゚・アッテ・カムイ＝魚を支配する神」や「チェㇷ゚・ランケ・カムイ＝魚を下ろす神」が抱えるサラニップの中に入っています。だから、この神に対して人間が不敬をはたらいたり機嫌をそこねると、袋の口が開かれず、人間界は飢餓に襲われるのです。

心が正しく、魚に対する態度も良いアイヌの住むコタンでは、神様がコタンの上手の海上に袋の中のサケの骨をばらまくと、すべてサケの姿になって川を上ってくるといわれました。

アトゥイ　ソー　カタ　海の面に
ホー　ラム　ラム　ほー　鱗が
ホー　ランナ……　ほー　下りるよ……

各地に伝わるこの唄は、昔の人びとが海面に照り映える金の波銀の波を見て、神がばらまいた魚の骨や鱗が光っている光景を歌ったものだといいます。「カムイ・コヤン・チェプ＝神に向かって上るサケ」とか「カムイ・コエク・チェプ＝神に向かって来るサケ」という呼び方があることから、カムイ・チェプというのは「魚の神」というよりは、「神の魚」という意味のほうが強いようです。

神に向かって上る、あるいは神に向かって来るのだから、最初に川に入ったサケは水源の守護神であるキツネやクマの神に贈られ、次に入ったサケは家を司る火の神に贈られると考えます。それで、人間が最初に捕ったサケは、まず火の神に捧げて感謝し、それからコタン中に分けたのです。これを「アシリ・チェプ・ノミ＝新しいサケの祈り」といい、昔はどのコタンでも秋の初めに行われていました。

いろいろなサケ漁

現在のような、海に大型の網を仕掛けて一度に大量のサケを捕獲する漁法は、アイヌには考えられません。川を上ってくるサケをイチャン（産卵場）の近くで待ち受けて捕まえるのがふつうでした。そうしたアイヌの伝統的なサケ漁には、いくつかの方法があります。

産卵場の近くにクチャ（仮小屋）を造り、夜の月光を頼りに、あるいはスネと呼ぶたいまつの明りで「マレㇰ＝回転銛」で突いて捕る方法。闇の中で、さわり糸のついた「アㇷ゚＝流し鉤《かぎ》」と呼ぶ道具で引っかけて捕る方法。二隻の丸木舟の間に「ヤㇱヤ＝すくい網」を張り、川岸のサケを追い込んで捕る方法。舟を使わずに、水の中を歩いて、すくい網に魚を追い込む方法。「ヤ」と呼ばれる刺し網を仕掛けて捕る方法……。冬のカシオペア座のW字をアイヌが「ヤーシ星」と呼ぶのは、その形が二隻の舟で網を引くヤㇱヤ漁法に似ているからだといわれてきました。

「ラオマㇷ゚」は、根曲がり竹か柳の細枝を編んで造る筌《ど》で、開口部の直径約五〇センチ、長さ二～三メートルの長円錐形に作り、川底に沈めておきます。入口に仕掛けられた横木がじゃまになって、一度中へ入った魚が出られなくなる仕組みです。

「ウライ」は簗《やな》のことで、やはり根曲がり竹か柳の細枝を材料にして、ラオマㇷ゚よりは大型で四角く造ります。仕掛ける場所は人によって決まっていて、「イヌン・チセ＝漁する家」「ウライ・コッ・チセ＝簗を持つ家」と呼ばれる仮小屋を建て、毎夜そこに泊まり込んで夜通し簗を見回るのです。それを「ウライ・ノンカㇽ＝簗を見回る」といいました。

もっとも大がかりなのは「テシ＝止め」という柵を設けてサケの遡上を止め、ウライに追い込んだり、マレㇰで突いて捕る漁法です。これは一時的にせよサケの遡上を阻止するので、個人で勝手に造ることはできず、必ずコタンの人びとが全員で相談して仮設しました。

捕らえたサケの頭を「イサパキㇰニ＝それの頭を打つ木」と呼ぶ棒で叩いて殺すのは、共通していいます。この棒は直径三センチ、長さ約四〇センチの柳かミズキで、握る部分の皮を一五センチくらいむいて少し細く削り、境目には細い削りかけ(イナウ・キケ)をつけたものです。アイヌは漁期になると必ず新しく造り、捕ったサケの頭を一匹ずつ叩いて、あの世へ送りました。神に捧げるイナウを持って、神の国に帰ってもらうという考え方です。

〈腐った木や石で頭を叩かれたサケが、くやし泣きしながら神の国に帰り、怒ったサケを支配する神がそのコタンへはサケを下ろさなくなった。そのため飢餓に襲われたコタンの人びとが多くの神々に頼んで謝ってもらい、ようやく再びサケを下ろしてもらえるようになった〉

そんなユーカㇻがあるほど大切な棒です。これは北極圏を中心にサケをおもな食料として生きる人びとに共通する考えのようで、それぞれの民族が作った同様の棒が、網走市にある北方民族博物館などに展示されています。

新しいサケへの祈り

地域差はありますが、九月の声を聞くと川にサケの姿が見られるようになり、一〇〜一一月が最盛期で、一月から二月になるとほとんど姿を見なくなるというのが、かつての北海道です。夏の終わりから冬の初めまでが、「チュク・チェプ＝秋の魚」の季節でした。

最初に捕らえたサケから、雪と氷の時期に捕ったものまで、アイヌの伝統的なサケの利用法は多彩です。調理法も保存法も豊富で、皮を衣服や靴に加工する技術も含めて、一匹のサケを余すところなく活用しました。生活になくてはならない存在だったのです。

そのサケをアイヌが自由に捕ることができなくなったのは、一八七三(明治六)年。開拓使(現在の北海道庁)が法令によって、アイヌの伝統漁法を禁止しました。ユーカㇻにもあるように、神がサケを下ろすことをやめたコタンの人びとは飢餓に襲われるほど重要な食料を、一つの法律がアイヌから奪ったのです。当時の人びとの困窮は、想像を超えたものがあります。

禁止する法律を知らずに、いままでどおりにサケを捕って逮捕されるアイヌは、後を絶ちませんでした。また、法律を知ったからといって、圧倒的に多くの人びとはサケに頼る生活を捨てられません。「アイヌ・モシㇼ＝人間の大地」を奪われたことの実感が、いやおうなしにアイヌを襲っていきます。

さらに、一八七六(明治九)年に公布された「鹿猟規則」によって、サケとともに「シペ＝本当の食べ物＝主食」であったシカを毒矢による伝統的猟法で捕ることも禁止され、アイヌは完全に生計の手段を奪われました。自然と共に生き、暮らしていた民族が、その自然を奪われたのです。世界中の先住民族と同様に、アイヌもまた北海道の後住者である和人への同化を強制されました。

それから一〇〇年以上が過ぎた現在、アイヌの伝統文化が再評価されるようになりました。それに伴って、一九八〇年代後半から「伝統的な民族儀式に必要なものに限って」北海道知事の許可を受けて数十匹のサケが捕獲できるようになり、「アシㇼ・チェㇷ゚・ノミ＝新しいサケへの祈り」の儀式が各地で復活していきます。サケが「カムイ・チェㇷ゚＝神の魚」である場が戻ってきたわけです。けれども、サケが遡上して自然産卵できる川は、すでにわずかしか残っていません。

サケの料理

すでに述べたように、サケは「シペ＝本当の食べ物＝主食」と呼ばれました。陸上のシカとともに、昔のアイヌに欠かせない大切な食料だったサケは、頭の先から尻尾の先まで、捨てるところがありません。その料理法を紹介しましょう。

料理するには、解体しなければなりません。ふつうの手順は、①頭とえらをはずす、②腹を割いて内臓を取り出す。産卵前であれば、雌は卵、雄は白子を取り出す。③背骨についているメフン(血の固まり)を取る。④三枚に身おろしをする。これで料理の準備ができました。

まず、切り取った頭を上あごと下あごに切り分け、上あごの鼻にあたる軟骨の部分(氷頭《ひず》)を切り取ります。このとき、指で押し出した目玉を軽く塩でもんでから、子どもやお年寄りに食べさせました。甘みと歯触りが、おやつには最高の味です。氷頭を取った残りの頭は適当に切り、後で「オハウ＝汁」に入れます。

次に、えらをばらばらにはずし、包丁の背でしごきながら水洗いを続けると、血が完全になくなって真っ白になります。胃と腸は端を切って中身をしごき出し、きれいに水洗い。肝臓も、胆のうをはずして水洗いしておきます。サケの身体で食べられないのは、直径一センチほどの胆のうだけです。

氷頭とえらは、まな板の上で叩き切りにし、細かくなってきたら、胃・腸・肝臓を加え、混ぜながらさらに細かく叩きます。全体がミンチ状になったら白子を加え、叩き混ぜながら、長ネギかプクサ(ギョウジャニンニク)のみじん切りを加えます。最後に塩を入れて、味をみながらさらに叩き、粘りが出てきたら出来上がり。「チタタㇷ゚＝我らが叩くもの」という料理です。カルシウム、タンパク質、ビタミンに富んだ、特徴的なアイヌ料理といってよいでしょう。

現在は冷凍庫が普及していますから、身をおろせば簡単にルイペにできます。皮をはぎ取り、腹部分の小骨を取り去ってラップに包み、急速冷凍をかけると出来上がりです。もちろん、切り身を焼いても食べられます。中骨や尻尾、残った頭の部分は、野菜といっしょに汁にして「チェㇷ゚・オハウ＝魚汁」に。解体したときに取り分けておいたメフンは、塩を混ぜて二～三日冷蔵庫に入れておくと、酒の肴に最高です。

雌の卵は全体をぬるま湯の中でもみほぐし、水を切ってから濃い塩水に数時間漬けておくと、色がきれいで生きのいい生イクラになります。お粥に入れたり(チポロ・サヨ)、茹でてつぶしたジャガイモに混ぜたり(イモチョッケップ)、さまざまな料理に使います。浮き袋の中に卵を詰めて、炉の上の火棚にのせて乾燥させ、「サッチポロ＝乾いた卵」という保存食も作りました。これで一匹のサケは、余すところなく人間のお腹に入ります。

これらにもましてサケが昔のアイヌにとって重要だったのは、「サッチェㇷ゚＝干しサケ」を大量に作り、冬に備えたからです。産卵を終えたサケは、干しサケのために使われました。

中秋のころ

背張《せっぱ》りとも呼ばれるカラフトマスは、川へ入ると背中がこぶのように盛り上がり、身体が赤色に変わってきます。海にいるときは銀色をしているサケは、川に入って上流へ上るにつれて、濃い灰色の縞模様が身体を覆うようになります。いずれも、上流の産卵場をめざして身体をくねらせ、浅瀬を越えていく姿は見事なもので、感動せずにはいられません。

九月二〇日は中秋。暦のうえでは秋真っただ中です。旧暦(太陰暦)では秋は七〜九月をいい、現在の太陽暦の八〜一〇月にあたります。その真ん中の八月一五日(太陽暦の九月二〇日前後)の満月が「中秋の名月」です。

「天高く」の言葉どおり日ごとに高くなるように感じられる秋の夜空に、くっきりと浮かびあがる満月。高い天を司る雷神の、六人の妹のなかで下から二番目の女神である「クンネチュプ・カムイ＝月の神」は、静かに下界を見下ろし、輝いています。月見は旧暦八月一五日と九月一三日の二回行い、最初を「名月」、二回目を「あとの名月」と呼んだそうです。ススキとお団子を供えて、美しいお月様をゆっくり眺めるのもいいですね。

「出来秋」というのは稲が実る季節を本来いうそうですが、畑作物もいっせいに収穫期を迎え、農家は忙しい毎日を送ります。「秋味＝サケ」「秋刀魚＝サンマ」の漁が最盛期を迎え、海も出来秋です。キノコや木の実が豊かに実れば、山に暮らす動物たちも満ちたりて穏やかな日々を送ることができるのですが……。

九月二〇日は彼岸の入りでもあり、秋分の日(二三日)以降は夜の時間が昼より長くなります。日没が早くなり、朝夕の冷え込みが感じられるようになると、「チュク＝秋」も本番。冬に備えて気ぜわしい毎日を送らねばなりません。九月はまた、アイヌの伝統行事や儀式が行われる時期です。サケやシシャモなど「カムイ・チェプ＝神の魚」を迎えるための儀式(アシリチェプ・ノミ)やペカンペ(ヒシの実)の収穫祭、シャクシャインなどアイヌの英傑を慰霊する供養祭や先祖供養が各地で開かれます。

カムイノミ(神への祈り)とイチャルパ(先祖供養)が終わると、集まった人びとが自分のコタンに伝わる唄や踊りを披露し、神々や先祖を楽しませます。初めは少人数で歌い踊っていますが、交代しながら曲数が進むにつれて興がのり、踊りの輪が広がり、四〇人、五〇人という男女が輪をつくって「ポロ・リムセ＝大きな輪踊り」を展開します。収穫の喜びに、各地から人が集まった喜びが重なり、歌い手と踊り手が疲れ切るまで延々と踊りの輪が続くのです。

シャクシャイン祭り

秋には全国で秋祭りや収穫祭が行われますが、アイヌの伝統行事や供養祭も多くが秋に行われます。毎年九月二三日に、日高管内の新ひだか町・静内の真歌《まうた》の丘で行われる「シャクシャイン・エカシ・イチャルパ＝シャクシャイン祭り」は、それらのなかでも歴史が古く、意義深い催しです。

シャクシャインというのは、一六六九(寛文九)年に日高地方を中心にアイヌ民族が大規模な武装蜂起をしたときのリーダーの名前です。深い尊敬の気持ちを表して、エカシとかアイヌと付けて呼んでいます。北海道に和人が移住を始めたのは一一世紀ごろからで、一四世紀には道南の一部(函館の近く)に交易活動の監視と船役(税)の徴収を行うための館《たて》を造り、アイヌと交易するようになりました。数が増えるにつれて武力をたてに横暴な振る舞いが多くなった和人に対して、穏健なアイヌも抵抗し、戦うことが多くなっていきます。

歴史に残る最初の和人との大規模な戦いは、コシャマインという首長がリーダーとなって一四五七(長禄一)年に起こりました。道南中から集まったアイヌ軍は、和人の立てこもる一二の館を次々に攻め落とし、一二つの館だけがかろうじて残ります。ところが、花沢館(現在の上《かみ》ノ国《くに》町)に寄宿していた武田信広という侍がコシャマインを射止め、戦いは終結しました。これは欺し討ちによる謀殺だったともいわれています。

　コシャマインの戦いの後も小規模な戦いは各地で起こりますが、武田信広を始祖として松前藩が成立し、和人による支配が拡大していきました。やがて、交易の中身が和人による収奪とアイヌの酷使となり、商人や砂金掘り、鷹を捕る人びとが奥地まで入り込んで、アイヌの生活を脅かすようになったのです。

　そして一六六九年、松前藩に後押しされたハエクル（西に住むアイヌ）との紛争をきっかけに、メナシクル（東に住むアイヌ）のリーダー、シャクシャインが北海道中のアイヌに呼びかけて、和人との全面戦争に入ります。アイヌが民族としての自決をかけた、最初で最大の戦いです。この戦いを知った江戸幕府が東北の津軽藩を出兵させ、南部藩や秋田藩にも出兵を準備させたことからも、和人社会に与えた衝撃と危機感の大きさがわかります。

　全道から集まったアイヌ軍はシブチャリ（静内）のチャシ（砦）を本拠地にして戦い、一時は国縫《くんぬい》（函館の近く）まで攻め込みました。しかし、いったん軍を引いたシャクシャインが松前軍の和睦の申し入れを受け入れた席で酒を飲まされ、欺し討ちにあうという結果で終わるのです。リーダーを失ったアイヌ軍は松前軍に敗れ、さらに過酷な条件を押しつけられて生きることを強いられました。

　敗れたとはいえ、民族の誇りと尊厳を守るために戦ったシャクシャインをしのび、その魂を供養するために、静内の砦跡に全道のアイヌが集まるのが、シャクシャイン祭りです。

クナシリ・メナシの戦い

シャクシャインの戦いから一二〇年後に起きたクナシリ・メナシの戦いを記念する供養祭も、九月末に根室半島のノッカマップで催されます。

シャクシャインの戦いでアイヌ軍を破った松前藩は、全道へ勢力を広げ、アイヌへの収奪を強めます。たとえば米一俵といえば、本州では四斗(約六〇キロ)の米が入っていますが、松前藩がアイヌとの交易に使った米俵には二斗(約三〇キロ)しか入っていませんでした。さらに、交易を支配するのが商人になってからは、一俵が一斗二升(約一八キロ)入りになり、ついにはわずか三升(約四・五キロ)入りの俵まで使われるようになったのです。それに対してアイヌが納める品物の数量は、変わりませんでした。

松前藩は「場所請負制」という制度をつくり、支配地(場所)を大商人に与え、そこからあがる収益の一部を徴収するという形で藩財政を成り立たせていきます。しかし、累積赤字が解消できず、経済的には大商人たちが藩を支配していました。それでも、松前から最短距離を行っても二〇日から一カ月を要した東端の根室やクナシリ島は、一八世紀後半までアイヌの自由な天地として守られていたのです。

一七七四(安永三)年、飛驒屋久兵衛という近江商人が、松前藩に貸し付けた八〇〇〇両のうち五四〇〇両を運上金(上納金)として、室蘭・厚岸・霧多布《きりたっぷ》・クナシリの四場所の支配権を得ました。しかし、場所請負人にはなったものの、飛騨屋にはその後不運が続き、経営が悪化する一方で、破産の危機に追い込まれます。そこで各場所で漁獲量を増やし、煮た魚を搾って魚油と肥料用の絞粕《しめかす》を作る作業にアイヌを使い、奴隷労働を強制するようになりました。

クナシリ場所では、一シーズン働いた男のアイヌの労働報酬が米一〜二俵(三升入り)、女にはたばこ一〜三杷とマキリ(小刀)一本しか与えられません。文句を言うと、「毒殺する」とか「大釜で煮殺す」と脅されました。しかも、約束の期間が過ぎても自分のコタンに帰ることを許されず、番屋に閉じ込められて酷使される状態が続きます。飛騨屋が経営する他の場所でも、状況は変わりません。

ついに一七八九(寛政一)年五月五日(旧暦)、クナシリ島のアイヌが蜂起。若いリーダーに率いられて番屋や船を襲い、支配人や番人を殺してから、対岸のメナシ(北海道東海岸)に渡り、同地のアイヌと合流して和人を襲いました。急を知った松前藩が二六〇人の討伐隊を派遣し、ノッカマップに到着したのは、七月八日です。開戦から二カ月間、山に立てこもっていた二〇〇名のアイヌ軍は各コタンの長老に説得され、武器を捨てて降伏しました。松前軍の処断は苛酷で、首謀者三七名の首をはね、松前城下へ持ち帰って、さらし首にしたといいます。

アイヌ民族にとって最後の武装蜂起となった戦いの犠牲者の魂を慰めるのが、ノッカマップ・イチャルパです。

イモと豆の昔話

収穫の秋は、長い冬に備えて越冬用の食料を蓄える作業で、忙しく過ぎていきます。明治時代になってサケやシカを自由に捕らえられなくなってからはとくに重要な仕事になり、コタンでは女性を中心に子どもたちも動員されて、畑作物を次々に収穫・貯蔵していきました。

越冬食料のなかで、明治以後大きな位置を占めるようになったのがジャガイモと豆です。どちらもアイヌ名を持っていないので、遅い時期にアイヌの生活に入り、定着したことがわかります。これらを得た喜びからか、ウェペケㇾ(昔話)が残されています。新ひだか町・静内に住んでいた織田ステノ・フチ(おばあさん)が伝承していたもので、もちろんアイヌ語で話されましたが、要約を日本語で紹介しましょう。まず、イモの神様が人間にイモを授けた話です。

〈ある村に一人の若者が、両親と三人で暮らしていた。両親が歳をとってくると、若者が家の中のことも外のことも一人で片づけ、よく働き、両親の面倒を見ながら暮らしていた。

ある秋のころ村人たちが話すのには、いくつもの村を越えた向こうに大きな家が建っていて、そのまわりには新しいお墓がたくさんある。家からは美しい娘さんが出てきて、通る人に「休みなさい」とにこにこ笑って言うのだけれど、みんな気味悪がって逃げてくるのだと。

両親に「何かあったら困るから、そんな恐ろしいところへは絶対に行かないでくれよ」と言われて、しばらくは我慢をしていた若者は、ある日好奇心に負けて、留守の間の生活に両親が困らないようにしておいてから、その家をめざして出発した。

いくつもの村や山を越えていくと、うわさどおりの立派な家が建っていて、まわりにはやはりうわさのように墓(土まんじゅう)がいっぱいある。驚いた若者は、出てきた美しい娘の誘うままに、おそるおそる家に入っていった。

家の中も立派で、美しい模様に飾られている。それを見た若者は「これは人間ではない、神様か化け物にちがいない」と思ったが、日も沈み「ご飯を食べて、泊まっていきなさい」と言って娘は家の外へ出ていく。戸口からのぞいて見ると、墓を掘っては石ころのようなものを取り出してカゴに入れている。それを洗って鍋に入れて戻ってきた娘は、炉にかけて煮はじめた。やがて「もう煮えました。美味しいから食べなさい」と勧められて、気味悪く思いながらこわごわ口に入れてみると、石ころに見えたものの美味しいこと。

腹一杯食べて眠った翌朝、その娘は「私はイモの神で、人間にイモを授けようと神の国から

下りてきて、心が正しい人が現れるのを待っていた。これを持って帰り、食べたり種イモにするように、みんなに分けてやりなさい」と話した。驚き、喜んだ若者は、墓のように見えたものからイモを掘り起こし、途中のコタンで配りながら両親のもとへ帰り着いた〉

こうして、人間はイモを食べることができるようになりました。

次は、豆の神様が人間に豆を授けた話です。

〈心の優しい父母に育てられた一人息子が成長して、年老いた両親やコタンのお年寄りの面倒を見ながら暮らしていた。

あるとき、ずっと遠くのコタンから山のように大きな女の人が、大きな荷物を抱えて旅をしてきた。コタンごとに「一晩泊めてくれ」と言っては、泊めてくれた家のもてなしが悪いと言いがかりをつけ、宝物を取り上げているという。

心配しているうちに、その若者の家にも来たので、精一杯のもてなしをしたところ、その女の人はすっかり喜んで、眠った若者の夢の中で、豆をくれ、栽培の仕方も教えてくれた。目が覚めた若者が、その女の人の寝ていたところに残されていた山ほどの豆に驚き、コタンの人びとを呼び集め、豆を煮て、食べさせた。さらに種としても分けてやったので、それからはコタン中が豆を食べることができ、幸せに暮らすようになった〉

イモと豆のウェペケレに共通している点が三つあります。まず、人間の生活を助けるために神が天上からお土産を持って下りてくること。次に、そのお土産を受け取れるのは、お年寄りを大切にして暮らしている、心正しい人間であること。そして、神からいただいたものは、まわりすべての人びとと分けあうことです。

ユーカㇻが雅語《がご》(古い時代に使われた美しい言葉)によって、「サケヘ」と呼ばれる繰り返しの言葉をはさんで歌うように語られるのに対して、ウェペケㇾは日常語で、節なしで語られるのが一般的です。内容や長さはいろいろですが、人間が生きていくうえでの規範や知恵を含んだものが多くみられます。どの民族も子どもが昔話を聞きながらさまざまな知恵を身につけていくように、アイヌがアイヌであるために必要な知識と感性を養ううえで、ウェペケㇾは不可欠でした。

突然、一方的に押しつけられた法律によってサケやシカの捕獲を禁止され、主食としていた食料を失ったアイヌにとって、でんぷん質に富んだイモやタンパク源としての豆が手に入ったのは、まさに天上の神々の加護によると考えられたのは当然です。その感謝の気持ちがウェペケㇾを生みだし、後世に伝えられたのでしょう。

近世になって入ってきたイモや豆は、すぐにアイヌの食生活に欠かせないものとなりました。収穫されたイモはウェペケㇾにあるように、土中に埋《い》けこんで(ちょうど昔の墓のように見えます)保存し、いろいろな料理法で食べました。このほか、生のイモを冬の間戸外で凍らせました。これは、春になってから加工して保存し、イモ・シト(イモ団子)の材料にします。そして豆は、ラタㇱケㇷ゚と呼ばれる代表的なアイヌ料理に欠かせない材料です。

人間と神

イモ、豆、サケなどのウェペケㇾからは、アイヌがどんなに飢えを恐れていたかがわかります。自然に寄りそって生き、多くの神々の助けを借りて生活していたアイヌの社会では、動物であれ植物であれ手に入れられなくなれば、餓えに直面したからです。だから、それらの食料を司る神がいつも人間を見守り、食料を送り続けてくれるようにと、折にふれては祈り言葉を捧げました。

「アイヌ」という言葉は、本来的には「カムイ」に対応して使われる言葉で、「神」に対する「人間」という意味です。同様に「アイヌ・モシㇼ」は「カムイ・モシㇼ」に対して使われ、「神の住む国」に対する「人間の住む国」を表します。つまり、人間と神はそれぞれの世界で別個の生活を送っている存在で、その関係は基本的には対等と考えられているのです。人間としてなすべきことをし、「人間らしい人間」であろうと努力するのが、人間(アイヌ)の役割であり、「神としての役割を果たす」のが神(カムイ)の務めです。

人間が道を誤ったり怠けたりすると、神は罰を与えます。食料を送らなかったり、災害に見舞われるという形で人間を苦しめ、神は人間の夢に現れてその原因を教えることで、反省を促すのです。反対に、人間には何の落ち度や不正もないのに、食料が途絶えたり災害に襲われたりすることがあります。そのときはコタンの人びとが集まり、火の神様をとおして天上の神々に抗議し、「神らしくふるまって、我ら心正しい人間の生活を守ってくれるように」と祈るのです。

葛野辰次郎ェカシ（長老）が生前、神に祈った言葉に、次のような一節があります。

「神がおられますので人びとも生活し、暮らしていくことができますし、人間がおりますので神も崇め奉られるものであります。たとえ神であっても、自らを神としたわけではありません。だから、神だからといって自分だけで満足するべきではないのです。神の真実と言葉の真実がひとつの真実となって支えあうならば、神も人間もお互いに頼ることができます」

アイヌの考える人間と神の関係をこれほど見事に言い表した言葉は、ないでしょう。

もちろん人間の力ではどうにもできないほど大きな強い力をもつのが神ですから、その神と対等の関係を保とうとすれば、人間は相当の努力をしなければなりません。正しい心をもち、正しい行いをして、神の怒りを呼ばない日常が必要です。無用な殺生をしない、ものを大切にする、環境を壊さない、汚さないという生活習慣は、こういう精神（哲学）から生まれました。

古いアイヌの社会で美徳とされたのは次の三つです。「ラメトㇰ＝勇気がある」「シレトㇰ＝器量が良い、堂々としている」「パウェトㇰ＝雄弁である」。とくに、男は「雄弁である」ことが求められました。それは、カムイノミ（神への祈り）に際して、言葉をとおして人間の意志を伝え、神にしっかり受けとめてもらうために欠かせない条件だったからです。

秋の仕事

紅葉が色づくころから、山では木の実が熟して食べられるようになります。天気の良い日には子どもたちが山の中を駆けまわって、さまざまな木の実を集めてきました。ハッ(山ブドウ)、クッチ(コクワ、サルナシ)、マタタㇺプ(マタタビ)は、取りながらおやつに食べてしまいます。ヤㇺ(栗)やネㇱコニヌㇺ(クルミ)は、拾って帰りました。そして、栗は茹でたり焼いたりして、クルミは土に埋めておき、外側の柔らかい皮を腐らせ、乾燥させてから保存し、それぞれおやつにします。ドングリは柏の木になるトゥンニニセウと、ナラの木になるペロニセウがあり、どちらも同じように食べました。茹でて乾燥させてから保存し、皮をむいて子どものおやつにしたり、豆やカボチャ、木の実を混ぜて煮るラタㇱケㇷ゚という料理に使います。

北海道には珍しいミカン科のキハダは、幹の内皮は胃腸薬、果実はぜん息や風邪、のどの薬になる重宝な木です。シケㇾペと呼ぶこの実を乾燥して保存しておき、冬の間薬のほか料理の材料にも使います。子どもが持って帰ると、親にほめられたものです。

この時期、女の人たちは食料の収穫と保存に忙しい毎日を送り

ながら、冬の手仕事用の材料も確保しなければなりません。初夏に取って加工したニペシ(シナの木の内皮)、アッ(オヒョウの木の内皮)のほかに、秋にはシキナ(ガマ)、ペラッネキナ(スゲ)、カトゥンキ(フトイ)を刈り取り、乾燥させます。これらを冬の間に編んで、ゴザにしました。雪がちらつくようになると、内皮から糸を作るモセ(イラクサ)やハイプンカル(ツルウメモドキ)、すだれを編むためのポンキ(ススキ)を刈り、手仕事のための材料が一応、確保されたことになります。

チセと呼ばれる古いアイヌの家の多くは、丸太の骨組みの上に茅を束ねて厚く覆い、地域によってはクマ笹を厚く重ねて壁や屋根にしました。どちらも材料自体が保温性と通気性に優れていて、冬は暖かく夏は涼しい、快適な家です。中央には大きな炉があり、薪が燃やされています。この火が消されることは、めったにありません。生活は炉を中心に行われ、火の神様がいつも見守っているのです。

ワンルームの家の中は必要に応じて仕切ります。そのとき使うのが、キナと呼ばれるゴザです。多くはシキナで編まれ、無地や模様入りの大小さまざまを使い分けます。寝室部分を囲ったり、病気や出産のとき、お客さんが来たときなど、自在に仕切りを設けて生活しました。

また、室内はふつう床を張っていません。土間を枯れた茅などで覆い、その上にポンキで編んだすだれを敷いて動かないように止め、ゴザを敷きつめて床にしました。だから、ゴザやすだれは相当な枚数を必要としたのです。

アイヌの家

　伝統的な建て方のアイヌの家チセは、ひところは老朽化して途絶えていましたが、現在では北海道内各地に茅ぶきや笹ぶきが復元されました。もっとも、それらは資料や文化財として建てられたもので、現実にそこで人びとが生活しているわけではありません。

　チセは「チ・セッ＝我らの寝床」という意味です。知里真志保博士は、アイヌの家に対する考え方を論文にしています。その概略を紹介しましょう。

　アイヌは家を単なる物体とは考えず、自分たちと同様に血の通う生き物と考えていたらしいのです。だから、家の各部分にさまざまな人体の名称がつけられました。たとえば、屋根は「チセ・サパ＝家の頭」、壁は「チセ・トゥマム＝家の胴」、室内を「チセ・ウプソル＝家のふところ」といいます。また、張り出した屋根の下についている三角形の天窓は「エトゥ・ポク＝鼻の下」、東の窓（神聖な窓とされている）の上に突き出ている庇《ひさし》は「エトゥ＝鼻」、東の窓にかける覆いは「プヤル・シキラプ＝窓のまつ毛」です。

　組み立てられた木材はこの生き物の骨格であり、ふいた茅や笹はその肉です。祭や儀式のときには、壁に花ゴザを張りめぐらします。それは、「チセ・ア・シピニレ＝家に晴衣を着せる」と呼びました。ただし、家を本当に生き物とするためには、炉の中に火を焚かなければなりません。新しい家に火を焚くことを「チセ・ラマチ・アコレ＝家に魂をもたせる」といい、昔のアイヌの家庭では新築祝い（チセ・ノミ）のときに焚いた火を消すことはめったにありませんでした。

では、この生き物としての家は、どんな姿として意識されていたのでしょう。古い「イノンノ・イタク＝祈り言葉」では、家を「ケンル・カッケマッ＝家・婦人」といい、ユーカラでは立派な家を「チセ・キタイ　コ　ライパ　カネ、チセ・トゥマム　コ　ユッパ　カネ＝家の頭はきれいになでつけてあり、家の胴はきりっと緊《しま》っている」と表現しているところをみると、アイヌは家を女性の姿と考えていたようです。そして、この女性は子どもをおんぶして東を向いて立っています。

知里博士によると、チセに付随している「セム」と呼ばれる小屋は玄関とも納屋とも考えられているが、語源的には「セプ＝背負っているもの」であって、家・婦人に背負われているものであるから、玄関という解釈は不自然だというのです。では、本当の玄関はどこか。それは東の窓です。非常に神聖なところとされている「カムイ・クシ・プヤル＝神の通る窓」こそが表玄関にあたります。人間たちは納屋の入口を仮の玄関として使っているのです。

女性である家は、「アペ・フチ」と呼ばれる女の神がいつも見守っています。そして、「チセコロ・カッケマッ＝家を取りしきる淑女」である主婦が、男性が狩りに出ている冬の間も家庭を守っているのです。

薪集め

一〇月(旧暦の九月)は「ウレポケチュプ＝足の裏が冷たくなる月」。半月ほど前までの暑さはどこへいったのかと思うほど、朝晩の冷え込みが急に強くなってきます。九月の中旬から一雨ごとに涼しくなり、あっという間に秋本番を迎え、ストーブが必要。冬は、すぐそこまでやってきました。

現在はアイヌの伝統的な家に住む人はいません。暖房には石油ストーブが、炊事にはガスが使われるのがふつうですが、チセで暮らしていた時代のアイヌにとっては「アペオイ＝炉」で燃える薪の火が、暖房にも炊事にも使われる大切な存在でした。火の神様の寝床と考えられたアペオイは、「イヌンペ＝炉縁」に囲まれたひとつの世界を形づくっています。そこに燃える薪の火は一年中、絶えることがありませんでした。

寒い時期に暖をとるために燃やす薪はもちろん、夏の間も炊事は炉に燃える火で行いますから、一年を通して薪が必要です。それを集めるのは、子どもたちにとって重要な仕事でした。また、秋になって嵐の後などに河原に打ち上げられた流木を集めて家まで運ぶのは、家族全員の大仕事です。冬中燃やし続けられるだけの薪を、雪や氷が周囲を覆う前に確保しておかなければなりません。

北海道に移住してきた和人にとっては、森や山に無尽蔵にある(と思われた)立木を伐って薪にするのは当然だったのでしょう。けれども、アイヌはよほどのことがなければ薪にするために木を伐り倒しはしません。流木や倒木を集めてきて薪にするのが、大変ではあっても当たり前のことでした。

先年亡くなったあるフチは、「食べるものがなければ借りに行くこともできたけど、薪はそういうわけにいかないもんだから」と、よく口にしていました。天候や人の出入りで食べるものが急に足りなくなるのはどこの家でもあるから、借りに行くのは恥ずかしいことではない。しかし、夏の間小まめに集めてさえおけば間に合うはずの薪がなくなるのは、怠けていたのを白状するのと同じなので恥ずかしいことだという意味です。

また、どこのコタンにもお年寄りだけで住む家があります。村人たちは自分の家で燃やすほかに、そうしたお年寄りたちのためにも十分な量の薪を集めておきました。

日ごとに早くなる日没と競争するように、秋の仕事は忙しく進められていきます。そして、やがてくる冬には赤々と燃える炉の火を囲んで、エカシやフチの語るユーカㇻやウェペケㇾに耳を傾けるのです。

紅葉が始まり、コクワや山ブドウが熟しだしています。キノコの種類も増えてきて、畑だけではなく山も実りの季節となりました。春や夏とはおもむきの違う秋の野山を、子どもたちといっしょに駆けめぐりましょう。

山の実り

秋の実りが豊かな野山は、紅葉のなかの山歩きが楽しみです。古いアイヌの唄には、山菜や木の実を採集するときに歌われたものが多くあります。秋の日差しのもとでキノコや木の実に出会ったときのドキンとするような喜びが、思わず唄となって口をついたのでしょう。

キノコ類は「カルㇱ」と総称され、生える木によって呼び分けられますが、あまり細かくは分けなかったようです。「チキサニ・カルㇱ＝タモギタケ」「ケネ・カルㇱ＝ハンノキ・キノコ＝ムキタケ、ヒラタケ」「コㇺニ・カルㇱ＝柏・キノコ＝シイタケ」「ペロ・カルㇱ＝ナラ・キノコ＝シイタケ」などが一般的でした。また、「ユㇰ・カルㇱ＝クマ・キノコ＝マイタケ」はアイヌにとって格別の存在で、各地にマイタケにまつわる伝承や唄が残されています。

本州でもマイタケは貴重で、見つけるとまわりでひと踊りしてから採ったところから「舞茸」という名前がつけられたといいます。あるキノコ採りの名人が年老いてやがて臨終というときに、子どもが「死ぬ前にマイタケのある場所を教えてくれ」と頼んだけれど、それだけは口にすることなく死んだという話があるくらい、値打ちのあるキノコです。

巨大で味が良く、乾燥して保存できるマイタケは、アイヌにとっても「山の神＝クマ（ユㇰ）」に匹敵するほど位の高いキノコだったのでしょう。マイタケを見つけるとクマを捕ったときのように、男は「フォー！　フォー！」とときの声をあげ、女は「オノンノ、オノンノ＝うれしい、うれしい」と歌いながらまわりを踊ったという地域や、「今年のマイタケ悪いマイタケ。来年のマイタケ良いマイタケ」と来年出るマイタケに注文をつけたり、「今年のマイタケよくないが、来年は立派になって、小袖や酒樽と交換できる、良いマイタケになれ」と歌いながら踊った地域もあります。立派なマイタケは和人の漁場に持って行くと喜ばれ、良い条件で取り引きされたことがわかる伝承です。

「ニセウ＝ドングリ」拾いの唄も各地に伝承されています。「木の神さま　ア　ホイ。あなたの作ったものいただきます　ア　ホイ」と歌いながら、ナラや柏の木のまわりを踊り、「ドングリ落ちてるよ。ドングリ落ちてるよ」と言って拾ったそうです。ドングリは冬眠前のクマにとっても大切な食料でした。十勝地方では柏の木を「シㇼコㇿカムイ＝大地を司る神」や「コㇺニ・フチ＝柏の木のおばあさん」と敬意をこめて呼び、こんな伝承があります。

〈宿なしの子グマが樺の木のところへ行って、「泊めてください」と頼むと「今年は木の実がないからだめだよ」と断られた。そこで、柏の木のところへ行って頼むと「さぁさぁ泊まんなさい」と快く泊めてくれた。そのお陰で、子グマは柏のおばあさんのふところでドングリを腹一杯食べて、冬を越すことができた〉

この秋は「シケ・カムイ＝荷物を背負った神」と呼ばれるほど、ドングリを食べて太ったクマばかりになってほしいものです。

ラウラウ

秋の失敗談を紹介しましょう。三十数年も前のことですが、忘れられない失敗です。

コウライテンナンショウ(エゾテンナンショウともいう)というサトイモ科の植物があります。夏の間は緑色で、まわりの草に溶け込んで目立ちません。ところが、秋になって草木が落葉して枯れてくると、一メートル近い茎のてっぺんに真っ赤な大きな実をつけて立つ姿が人目を引きます。茎も白っぽく変わり、大きな鱗に覆われているように見えるところから「ヘビのたいまつ」という俗称で知られています。その根(球茎)をアイヌ名で「ラウラウ」と呼び、食料としても薬としても珍重されました。

三十数年前の秋の夕暮れ、山から戻って袋を開けると、キノコや山ブドウ、コクワ、シケレペ(キハダの木の実)に混じって、ラウラウがありました。お腹がすいていた私は、「熟したラウラウを炉の灰に埋めて焼いて食べると、栗よりも美味しいんだ」と言ったお年寄りの言葉が瞬間よみがえって、きれいに洗ったラウラウをアルミホイルで包んで、ガスの火でゆっくり焼いたのです。もちろん「毒があるから、真ん中の部分はえぐり取ってしまうんだぞ」という言葉は忘れておらず、芯をくりぬいてドーナッツのようにしたのはいうまでもありません。

待つことしばし。焼き上がったラウラウを一吹き、二吹きしてから、ガブッと一口。噛みちぎろうとした瞬間、猛烈なしびれが私の口を襲ったのです。

「な、なんだ、なんだ！」と言っているうちにしびれは広がり、口のまわりの感覚がなくなってきました。鏡を見ると、閉まらない口からよだれが流れ落ちています。「こりゃあ、ひょっとすると、死ぬかな？」なんてことまで、頭の中をよぎりました。「それにしても、いったい何が間違っていたんだろう？」と、フガフガ言いながら頭をひねっている間に、山のことにくわしい友人に電話をかけていた妻が、笑いをかみ殺しながら言いました。

「ラウラウの毒が、まだ真ん中に集まっていなかったんだろうって。山ブドウの汁を飲めば治るかもしれないって。死ぬことはないだろうって」

採ってきたばかりの山ブドウをしびれた口に押し込んで噛み、呑み込みながら、とりあえずは一安心。「未熟だったか！」(もちろん、ラウラウのこと)と、おおいに反省しました。

ラウラウの真ん中が黄色になって、毒が集まっているのを確かめなかったのが、悪かったのです。二時間ほどでしびれは取れましたが、ほんの一噛みであの状態になるほど強い毒があることが骨身にしみて、以後は人に勧めはしても、自分で口にしたことはありません。

ラウラウの毒は、トリカブトに混ぜて矢の毒に使われたり、少量を駆虫剤として服用したと、知里真志保博士の記録にあります。また、打ち身のときにはラウラウをすって湿布にすると効くということを、その後お年寄りから教えてもらいました。

なお、解毒剤として山ブドウの汁がいいという話はウェペケレにもあり、本当のようです。

冬の気配

「スナンチュプ＝明りを持って魚を捕る月」の一一月(旧暦一〇月)になりました。この魚はサケのことです。晩秋の川を遡上するサケに松明《たいまつ》の明りを近づけると、一瞬その動きが止まります。そこをマレㇰという回転銛で突いて捕りました。

保存用の干しザケ(サッチェㇷ゚、アタッ、トゥパなど、地域や作り方で呼び分けます)を作るためには、晩秋から冬にかけてサケを捕ります。魚体に脂肪が少なくなって、長期間保存しても脂やけせず、いつまでも美味しく食べられるからです。産卵後のサケ(ホッチャレと呼んで、まずいサケとされていますが)もこうして捕り、干して保存食料にしました。種の保存には理想的な方法です。

このころになると、盛んに雪虫が飛びかいます。本州の伊豆地方などで「しろばんば」と呼ばれるこの虫は、アイヌ語では「ウパㇱ・キキリ＝雪虫」が一般的です。リンゴワタムシ、トドノネオオワタムシなどワタアブラムシ科の小さな昆虫が、白い蠟質物を分泌して身体につけて飛んでいる姿は、粉雪が風に舞うように見えることと、この虫が飛びはじめると雪が近いことが重なって、名づけられたのでしょう。また、「シシャモ・キキリ＝シシャモ虫」「シペ・キ＝サケ虫」と呼ばれる地域もありました。この時期にシシャモが川に上ってくる地域や、雪虫がたくさん飛ぶとサケが豊漁になるといわれた地域があったからでしょう。

本来は山の上のほうに自生していたのが、街路樹として植えられて、街なかでも数多く見られるようになった木が、ナナカマドです。まず実が赤くなり、葉が紅葉して散ってしまっても、赤い実はしっかり枝についたまま冬を越します。

和名のナナカマドは、七回竈《かまど》に入れても燃えないところからつけられたといいます。この燃えにくい木を、昔のアイヌは雪中の野営に火床として使いました。踏み固めた雪の上にナナカマドの枝を並べ、その上で焚き火をすると、木は燃えずに火を燃えやすくするからです。それで、「アペ・ニ＝火の木」と呼ぶ地域もありました。

アイヌ語で一般的な「キキンニ＝魔神を追い払うものになる木」「イナウニニ＝イナウになる木」という名前は、病魔を追い払うためのイナウをナナカマドで作ったところからきています。悪臭をもつために、イナウが魔神を追い払うことができると考えられ、使われたようです。「パセ・ニ＝大切な木」という名前も、同じ理由からつけられたのでしょう。だから、この木で作ったイナウは、魔除けや病魔払いのときだけに使われ、善神に対してはめったに使われなかったといわれます。

「チカピペ＝チカㇷ゚・イペ＝鳥の食べ物」はナナカマドの実の名前。冬の間、雪の中に赤い実をつけて立っている木の枝に鳥たちが集まって実を食べている光景は、美しいものです。ナナカマドの実が赤く熟し、雪虫が盛んに飛びかって、冬はもう目前に迫ってきました。

トリカブトの毒

「男の季節・冬」を前にして、男たちは狩りの準備にかかります。一メートルほどに伸び、葉が枯れたトリカブトの根を掘って、スㇽクという毒を作るのです。

若い時期のトリカブトの葉は、汁の実として使う春の山菜ニリンソウとよく似ています（二〇ページ参照）。間違えて採って食べ、中毒を起こしたり、馬や牛が食べて死んだりという事故が、ときどきありました。そのため第二次世界大戦のころ、軍馬を育成していた牧場ではトリカブトを根絶やしにする作業を行い、牧草地のトリカブトは激減します。だから、いまも牧場や人家近くではあまり見かけません。でも、少し山道に入ると、あちこちで鮮やかな紫の花を見ることができます。また、花の美しさから、毒性の弱いハナトリカブトは栽培され、花屋さんで売られています。

トリカブトの毒性がもっとも強いのは、葉が枯れ落ちた秋か、芽が出る前の春先です。昔のアイヌはこの時期に採集して、乾燥させて保存し、矢の毒として使いました。北海道中に「スルㇰタウㇱナイ＝トリカブトをいつも掘る沢」「スㇽクオマペッ＝トリカブトの中にある川」などの地名が点在し、知里真志保博士がその名前を一九種類も記録しています。これは、かつてのアイヌの生活にとってトリカブトがいかに重要な位置を占めていたかを物語るものです。

トリカブトは毒性の強弱によって、五種類（地域によっては三ないし六種類）に呼び分けられたようです。毒の弱いもの、中ぐらいのもの、強いもの、効きめは弱いけれど早いもの、強いけれど効果が遅いものなどがあり、それらを上手に使い分けてシカやクマを仕留めたのでしょう。

アイヌが使った矢尻には、中心部に溝が掘られています。この溝の中に、強烈に効くけれど効果が遅いもの、中ぐらいのもの、弱いけれどすぐに効きめが現れるものを、奥から順に塗り重ねました。獲物に刺さると、即効性の毒が動きを鈍らせ、やがて生命を奪うほどの猛毒が効きはじめたようです。

毒性の違いが、トリカブトが生えている地質や環境によるものなのか、一二〇種類（北海道に自生しているもの）にも及ぶ個体差なのかは、よくわかりません。効きめの強いトリカブトが生える場所は限られていたようで、遠いコタンから人びとが掘りに集まったといいます。現在地名として残っているのは、そういう大切な場所でした。トリカブトはスㇽク・カムイという重い（位の高い）神として敬われ、姉妹の女神としてユーカㇻにも登場します。生息地は聖域として大切にされ、小さなイナウ（木幣）を立てて神に祈ってから掘りにかかったといわれます。

アコニチンという有毒成分を含んでいることは解明されましたが、まだまだ神秘の部分が多いトリカブトです。

狩りをする神

一一月一五日は、北海道のシカ猟が解禁になる日です。この日から翌年一月一五日までの二カ月間、道内はもちろん本州からやって来るハンターたちが日高、十勝、釧路地方の山野をシカを求めて走りまわり、エゾシカにとっては受難の季節となります(年によっては、一〇月から二月までのときもあります)。

とくに最近は、増えすぎたシカによる農業への被害を減少させるためという理由で、以前は禁止されていた雌ジカの捕獲が許可されたので、シカにとっては深刻な状況です。かつての狩猟期間中は、雌ジカを前面に置き、雄ジカはその陰にいてハンターの銃口から身を守っていました。いまでは、突然雌雄の別なく浴びせられる銃弾に身をさらし、逃げまどうのです。

シカ以上に増えているように思われるハンターが、撃ち殺したシカを山中に放棄したり、シカと間違えて停まっている車をライフルで撃つ事故を起こしたり、許しがたい出来事が年々増えてきました。スポーツ・ハンティングに対する強い批判を胸にひそめて、アイヌのマタギ(狩人)たちも山へと向かいます。

昔のアイヌに「狩りをする神」と呼ばれたのはオオカミです。北海道にいたエゾオオカミは本州にいたニホンオオカミに比べるとはるかに大きく、三〇〜四〇キロの体重と見事な体格で、シカが多く住む地域に生息していたと考えられてきました。

「ホㇽケウ・カムイ＝狼神」「ウォーセ・カムイ＝ウォーと吠える神」「オンルプㇱ・カムイ＝狩りをする神」「ヌプリパコㇿ・カムイ＝山の上手を支配する神」と、カムイをつけて呼ばれます。人の前にはあまり姿を現さないけれど、位の高い神として敬われていました。英雄のユーカㇻの主人公ポイヤウンペ（一八〇～一八三ページ参照）の守り神として、彼の持つ刀のさやに彫り込まれており、絶体絶命のときには姿を現して救ってくれるのが、オオカミの神です。

山奥に住み、めったに姿を見せなかったオオカミが人里に現れるようになったのは、明治時代に和人の数が増え、シカの乱獲を始めたのが原因でした。一八七六（明治九）年にアイヌの伝統猟法が禁止され、和人ハンターの銃によるシカの大量殺戮が本格化しました。獲物であるシカを失ったオオカミは、山を下りて牧場のウマや開拓民の家畜を襲うようになります。

一八七七（明治一〇）年、開拓使に招かれてアメリカから牧畜の指導にやって来たエドウィン・ダンは、日高の新冠《にいかっぷ》牧場でウマの品種改良に取り組むとともに、放牧地に現れてウマを襲うオオカミを退治するために、大量のストリキニーネという毒薬を使いました。また、同じ年にオオカミに対する賞金制度が適用され、以後一二年間に全道で一五七八頭のオオカミが殺されたという記録が残されています。こうして一八八九（明治二二）年に殺されたのを最後に、「狩りをする神」の姿は北海道から消えてしまいました。

愚かな人間

エドウィン・ダンが牧場のウマをオオカミから守るために使った「毒殺」という手段は、当時のアメリカで同じ被害にあっていた牧場主がとった方法でした。猛毒のストリキニーネを選んだのも、アメリカで広く使われていたからだったようです。ダンは東京と横浜へ「ありったけのストリキニーネを送れ」と注文し、さらにそれでも足りないのではないかと、サンフランシスコにも追加注文して取り寄せたと、記録にあります。こうして、彼は北海道中の生き物を毒殺できるほどのストリキニーネを手に入れ、オオカミ撲滅作戦を始めました。

ところが、ストリキニーネは毒性の強さとともに、二次、三次中毒を起こすことでも有名です。その毒で死んだ動物を食べた動物が死に、その死骸を食べた動物がまた死ぬという、肉食動物の連鎖死を発生させました。新冠牧場の周囲に撒かれた毒入りの肉と、ウマの死骸に塗りつけられた毒によって殺されたオオカミの数は三〇頭程度といわれていますが、同時に何百というキツネやカラス、イヌなどが死んでいたと、ダン自身が書き残しています。

全道的に広がる家畜の被害を抑えようとオオカミの捕獲に賞金を出すようになった一八七七(明治一〇)年、開拓使はクマとカラスの捕獲にも賞金制度を設けました。その結果、クマにはそれほど影響がなかったものの、カラスの大量殺戮を招き、四年間に五万五七〇〇羽のカラスと二万一〇〇〇個の卵を殺したと記録にあります。単純計算で一日三八羽のカラスを殺し、毎日一四個の卵をつぶしたツケは、一八八〇(明治一三)年から八四(明治一七)年までの五年間、道央の農耕地帯を襲ったバッタの大量発生という形で現れました。

バッタの大量発生による被害を蝗害《こうがい》、大群をつくって空から襲ってくるトノサマバッタなどを飛蝗《ひこう》と呼びます。太古から世界各地で発生しては農業に壊滅的な打撃を与えたことが記録に残されており、旧約聖書には古代エジプトを襲った飛蝗の脅威が描かれています。

このとき北海道を襲ったのは、何百万匹とも知れぬトノサマバッタ。林を揺るがす大風のような羽音とともに飛来して地面を覆い、農作物はもちろん、草や木の葉、茅ぶきの屋根や壁紙から障子、衣類までも食いつくされたと記録にあります。また、地表十数センチにまで積み重なったバッタの雌は地中に無数の卵を産みつけ、翌年以後も大量発生しました。

払っても、つぶしても、焼き払っても防ぐことのできない飛蝗に、土地を捨て去る開拓農民が続出しました。開拓による自然環境の変化とカラスという天敵の激減、それに気象条件が加わっての、爆発的な集団発生と考えられています。

この世のすべてのものに役割があるというアイヌの考え方とは相反する、人間の都合にあわせて自然界を操作しようとする行為は結局、人間に手痛いしっぺ返しを食わせることになるのです。十勝地方に伝承されてきた「バッタキ・ウポポ＝バッタ踊り」という、バッタの身振りを巧みにまねた踊りを見ながら、そう思わずにはいられません。

ヤドリギの神秘

何度か雪が降ったり解けたりを繰り返しながら、冬本番へ向けて季節は移っていきます。ヤイユーカラの森の事務所の窓越しに見える丘の林は、すっかり葉を落とした木々のこずえに点々とヤドリギが緑色を残すだけです。このあたりは国道をはさんで広がる丘陵一帯に、たくさんのヤドリギが見られます。常盤木《ときわぎ》と呼ばれるヤドリギが多く、それがそのまま地名になりました。

小鳥が好んで食べるヤドリギの実は、種がねばねばした粘液に包まれていて、小鳥のくちばしや足にくっついて木から木へと運ばれ、新しい親木に付いて発芽し、寄生木として生きはじめます。栄養分をもらっている親木が秋に葉を落としても、居候《いそうろう》であるヤドリギは緑のままで枝を四方に広げているのが、とぼけた感じで愉快です。

ヤドリギのアイヌ語「ニ・ハル＝木の食料」を、知里真志保博士は「木の弁当」と訳しています。昔のアイヌがいつもヤドリギを食べていたわけではなく、食料が乏しくなったときにウスで搗きつぶし、でんぷんを採って団子にしました。それで、「食料」よりは軽い「弁当」という表現を使ったのでしょう。

ヤドリギというと、いまはクリスマスに使われる木として知られていますが、それはヨーロッパから伝わった習慣です。早春に咲くヤドリギの花言葉は「征服」「困難に打ち勝つ」。この木を「神の住む家」と呼ぶ地方もあり、神聖な木とされることが多かったようです。

古代ヨーロッパ中・西部に住み、紀元前七〜五世紀にはヨーロッパ全域に広く移動して、紀元前三世紀ごろに独特の文化を形成したのが、ケルト民族です。現在はフランスのブルターニュ地方、アイルランド、イギリスのウェールズ、スコットランド地方に子孫が多く住み、ケルト語も使われています。社会的には貴族的部族社会であったり、ドルイド教という宗教によって統一されたりとアイヌ社会との違いはありますが、その信仰・神話・伝説は霊魂不滅・英雄崇拝・自然崇拝の要素が強く、アイヌの精神文化との共通性が強く感じられます。

ケルト民族は、ヤドリギを特別に神聖な木として崇めました。「カシの木に住んでいる神が、冬に葉が落ちると、春までヤドリギに宿替えする」と考えられ、ドルイド僧たちは、満月の夜にヤドリギを探し当てると非常に縁起がよいと信じたのです。ドルイド僧たちはカシの木に登り、金の斧でヤドリギを切り落とし、下で受けとめます。地面に落とすと、災いがくると信じられていました。受けとめたヤドリギはみんなで分け、家に持ち帰ります。これを浸した水は万病に効くと、大事にしたそうです。クリスマスにヤドリギの枝を家のあちこちに飾る習慣は、古くヨーロッパの人びとによって始められ、いまに続いているのです。

デンマークには、ヤドリギの枝を持つと幽霊と話ができるという伝説もあります。他の植物とは違った習性が神秘性を感じさせて、各地に多くの伝説や物語を残してきたのでしょう。

第4章　冬は狩りの季節

火の起源

冬は「マタ」といいます。現在でも北海道や東北に残っている「マタギ＝狩り・狩人」という言葉が、「マタ・ンキ＝冬・行動する」からきているように、かつて冬は男たちが山野を駆けめぐって狩猟をする季節でした。雪と氷に覆われた大地。一年の半分以上をそこで暮らす民族の知恵は、冬を暖かく豊かに過ごすためのものであり、そのために夏を忙しく働くなかから生み出されてきました。

雪は「ウパㇱ＝互いに走る」といいます。降ってくる雪を下から見ていると、一粒一粒が競争しながら下りてくるように見えるところから、つけられた名前なのでしょう。

氷は日常的には「コンル」です。古い物語や他の言葉と複合して使われるときには、「ルプ＝溶けるもの」と表現されます。日本語の「凍る」という動詞の名詞形が「氷」になったのとは反対に、アイヌにとっては解けて水になるものが氷だったことがよくわかる言葉です。北海道の郷土料理として知られている「ルイベ」が正しくは「ル・イペ＝解ける食べ物」であるのは、一二ページで紹介しました。

すべてのものが凍りついている冬の生活に、なくてはならないのが火です。薪を取りに行くときに歌われた「山の神様／私が木を伐るのは／火の神様の／食べ物を取るのですよ」という唄が伝承されています。人間にとって一番大切な火の女神（アペフチ・カムイ）が食べるものをいただくのだから、素性が良く、燃えやすい木を気持ちよく分けてくださいという、山の神への祈りがこめられています。

人間に初めて火を与えたのが誰かは、世界中の民族にさまざまな神話や伝説として伝えられてきました。アイヌの考えた火の起源は、各地に伝わるユーカラ（神謡）から知ることができます。地域によっていくつかの内容がありますが、共通しているのは「コタン・カル・カムイ＝造化の神」がハルニレの木で火を作り、それを人間に与えたということです。造化の神が世界を造ったとき、地上に真っ先に生えたのがドロノキで、次に生えたのがハルニレでした。

造化の神は人間に火を授けようとして、まずドロノキで発火台と発火棒を作り、それをもんで火をおこそうとします。ところが、いくらもんでも白と黒のもみくずが出て煙るだけで、火はつきません。

そこで、造化の神が今度はハルニレの木で発火台と発火棒を作ってもむと、初めて「アペ・フチ＝火のおばあさん」が生まれ、この世に火が生じたそうです。だから、アイヌはハルニレのことを「チ・キサ・ニ＝われわれが火をもみ出す木」と呼ぶようになったのだと、ユーカラには謡われています。

天地創造

天地創造の物語は、発想の豊かさとスケールの大きさで私たちを飽きさせません。そして、そのエピソードの一つひとつがアイヌの信仰や生活の根幹をなしていることに気づくと、いっそう興味深いものがあります。「カムイ・モシㇼ＝神の世界」から、「アイヌ・モシㇼ＝人間の世界」の創造を託されて下界に下りてきた「コタン・カㇽ・カムイ（モシリ・カㇽ・カムイとも呼ばれる）」とドロノキ、ハルニレの物語は、この大地での人間（アイヌ）の誕生へとつながる重要な内容です。

人間の世界に初めて生えたドロノキで作られた発火台と発火棒は、先に述べたように、いくらこすっても火がつきません。でも、造化の神が手作りしたものがうち捨てられて土とともに腐ってしまうのはもったいないことです。そこで、すり合わせてできた白いもみくずは「オリパㇰ・カムイ＝恐ろしい神＝天然痘の神」に、黒いもみくずは「イペルスイ・チカㇷ゚＝空腹の鳥＝アホウドリ」になりました。また、発火台は「モシㇼ・シンナイサㇺ＝この世の果ての化け物」という魔神に、発火棒は「ケナㇱ・ウナㇽペ＝木原の怪鳥」という魔神になったのです。

一方「アペフチ・カムイ＝火の女神」を生みだしたハルニレから出た白いもみくずからは「ハシナウ・ウㇰ・カムイ＝狩りの神」が、黒いもみくずからは「キムン・カムイ＝山の神＝

クマ」が生まれます。発火台は「ヌサ・コロ・カムイ＝祭壇の神＝農業神」に、発火棒は「キナ・スッ・カムイ＝草の根元の神＝ヘビ」になりました。

地域によって生まれた神に多少の違いはあっても、ドロノキから悪神が、ハルニレから善神が生まれるのは同じです。チキサニ(ハルニレ)はたいへん美しい女神だったようで、天上界からその姿を見た「シカンナ・カムイ＝雷神」は一目ぼれしてしまいます。シカンナ・カムイの恋は、地上のチキサニに雷となって落ちることで成就し、男の子を誕生させました。チキサニ姫と雷神の間に生まれた子どもは「アイヌ・ラックル＝人間くさい神」と呼ばれ、アイヌ(人間)の始祖とされています。

アイヌ・ラックルは、天界と地上の間にあるシヌタプカのトミサンペッという山城で、「イレス・サポ＝育ての姉」と呼ばれる女性に育てられ、成長します。青年になったアイヌ・ラックルが地上(人間界)に下りて、ドロノキから生まれた魔神たちをはじめたくさんの悪神や、海を越えてやってくる悪人たちと闘い、アイヌのコタン(村)を守る物語が、「神のユーカラ」の中の「オイナ」です。

北海道各地にさまざまな伝承が残り、アイヌ・ラックルの出会う事件や闘う相手が変わり、舞台も天上から地の底、海の中へと変化します。しかし、彼の着物は「いつも裾のほうが燃えている」と表現され、その刀は「抜くと火が走る」と表現されていることから、アイヌ・ラックルの出生についての認識が同じであることがわかります。

お正月

お正月は「イノミ・チュㇷ゚＝それを祈る月」とか「アシㇼパ＝新年」といい、「明けましておめでとう」にあたる言葉は「アシㇼパ・ウㇰ・ワ・コンカミ」です。お正月を祝う習慣がアイヌ社会に定着したのは、明治期以降と考えられますが、それ以前から、この時期にコタンや家庭単位で神々に祈ってはいたようです。

「アシㇼパ・ノミ＝新年の祈り」は、一年を無事に過ごせたことへの感謝と、新しい年をより平和で穏やかな一年にしてくださいという、神々への祈りです。さらに、「イチャルパ＝先祖供養」を行なって、あの世で暮らす先祖に届くようにたくさんの供物を供え、共に新年を迎えた喜びを分かちあいます。

わが家のアシㇼパ・ノミが行われるのは、一月一日です。朝から準備にかかり、神々に贈るイナウ(木幣)を男が、神や先祖への供物となる料理を女が、それぞれ用意。準備が終わり、夕方になると、火鉢(炉の代わり)におこされた火を囲んで、家族と友人たちが向かい合って座ります。儀式の始まりは「アペフチ・カムイ＝火の女神」への祈りです。

わが家は札幌にあるので、石狩地方のアイヌが大切にしていた神々のためにイナウを用意してカムイノミ(神への祈り)を行います。「モイワ・カムイ」「インカㇽシペ・カムイ」「ウェイシㇼ・カムイ」「アソイワ・カムイ」は、それぞれが札幌を囲む位置にある山の神の名前。現地に行ってみると、見晴らしの良さと、占めている位置の重要さから、ここに神がいて人間の暮らしを守っていると考えられたことがよく理解できます。

現在はそこに社《やしろ》が建てられ、地蔵堂があり、信仰の対象とされています。これは、先住していたアイヌにとっての聖地が、後から入ってきた和人にとっても神聖な場所とされてきたことを物語るもので、その典型がモイワ(現在の名は円山《まるやま》)にある「北海道神宮」です。アイヌが「チノミシㇼ＝われらが祈るところ」と呼んだ、いわゆる聖地は、北海道内に無数にあります。

「レプン・カムイ＝沖の神」のいる海から「チワシコㇿ・カムイ＝河口の神」の守る石狩川を上ってくると、豊平川が分かれ、そこにあるのが札幌の街です。沖の神も河口の神も大切にしなければなりません。「ワッカウㇱ・カムイ＝水の神」「シㇼコㇿ・カムイ＝大地の神」「コタンコㇿ・カムイ＝村を守る神」は、どの地方でも大切に祀ります。そして、もちろん「アペフチ・カムイ」は、もっとも身近にいて人間を守ってくれる神ですから、そのためのイナウは独立して火の側に立てられます。

わが家ではこの一〇の神にイナウを用意し、それぞれに感謝と祈りを捧げます。地方や祈る人によって神々には違いがあり、「キムン・カムイ＝山の神」「ハシナウ・ウㇰ・カムイ＝狩りの神」「ヌサ・コㇿ・カムイ＝農業神」などが加わるのが一般的なようです。

先祖供養

カムイノミでは、火の神を中心とした神々へ、お酒、たばこ、米、ヒエ、塩、干したサケなどを捧げ、美しい祈り言葉(イノンノ・イタク)を連ねます。人間の世界を神々が守ってくれるようにと、厳粛に行われる儀式です。

神々への祈りが終わると、先祖の供養祭(イチャルパ)が始まります。チセ(家)の外(東側)に火を燃やし、火の側に立てた先祖のためのイナウに供物やお酒を捧げます。そして、「私たちはこうやって元気に暮らしていますから、安心してこのご馳走を受け取り、皆さんで召し上がってください。これからも、変わることなく私たちを見守ってください」と言葉をかけながら、供物を先祖といっしょにその場で少しずつ食べるのです。

集まった人びとが全員それぞれの先祖に対してのイチャルパを終えると、室内に戻って再び火の神を囲み、すべての行事が無事に終わったことを感謝して、新年のカムイノミが終わります。こうして、新しい年が始まりました。

昔のアイヌ社会では、「墓参り」をしません。それは、天上の死者の世界では先祖たちがごく当たり前の人間の暮らしをしているので、お墓へ行ってその人たちの暮らしを騒がせたり、邪魔をしてはいけないからです(九六ページ参照)。それで、昔は人が死ぬと、墓に着物や装身具などの小物類をいっしょに埋め（そのころは土葬でした）、住んでいた家には家財道具や日常使う道具などを置いたまま、家ごと燃やしました。あの世に送り届け、死んだ人が生活するのに困らないようにするためです。

一八七一（明治四）年、家を燃やすことは開拓使によって禁止されます。それでも、死者があの世で困らないようにと、小さな模型の家を作って遺品を入れ、燃やしてきました。これを「カソマンテ」といい、お年寄りが亡くなると、最近までときどき行われました。

墓参りをしなかったアイヌは、カムイノミやイオマンテ（クマなどの霊送り）、村や家庭での祝いごとなどのように、人が集まったりご馳走をたくさん作ったときには、必ずイチャルパを行なって、死んだ人たちに自分たちのことを報告します。そして、ご馳走を届けていっしょに食べてもらうことを忘れませんでした。こうして、先祖への敬意と、先祖に守られながら暮らす感謝を日常的に表していたのです。

冬の暮らし

冷夏や天候不順が続いて米が不作となっても、人間は外国から米を輸入すれば飢えずに過ごすことができます。けれども、山に住む動物たちはそういうわけにはいきません。

秋の山を歩いたとき、キノコや木の実がいつもの年のようには目につかず、「クマたちは、この冬をどうやって越すのだろう」と心配していました。案の定、晩秋から冬にかけて、食べ物を求めて山から下りてきたクマが人間に射殺される事件が続いています。

一二月ごろには、クマたちは冬眠前の食いだめを終え、一冬を過ごすための穴のまわりにいるのがふつうです。満腹状態で、皮下脂肪は一〇センチくらいになっているといいます。ところが、最近旭川市の近くの市街地に下りてきて、地元のハンターたちに追いまわされたあげくに撃ち殺された四歳のクマを解剖してみると胃袋は空っぽで、皮下脂肪は三センチしかなかったと報道されました。空腹と冬への不安から人間の住む里へ食べ物を求めて下りてきて、殺されてしまったのです。

天候不順で山の食料が不十分であったとしても、もっと自由に歩きまわれる山野があれば、サケが上流まで上ってきてさえいれば、クマたちは飢えに苦しみません。開発という名前で山を削って畑やゴルフ場に変え、河口でサケを独占した人間たちによって、冬眠するための食べ物さえ得られなくなったばかりか、「有害獣駆除」という名目で殺されていくクマたち。本当に「有害」なのは、どっちなのでしょう?

昔のアイヌ社会には一年＝一二カ月という考え方はありませんでしたが、それぞれの時期の特徴的な呼び方はありました。新暦の一月は旧暦では一二月ごろにあたるので、「チウルㇷ゚＝流れも凍る(月)」と呼んだようです。本格的な寒さがやってきて、川の流れも凍る季節。チセの中心にある炉の中で赤々と燃えている火が、厳しい寒さから人間を守ってくれます。赤い六枚の小袖を着て、金の杖を突いているといわれる「アペフチ・カムイ＝火の女神」が、生命を凍らす季節もわれわれを懐に抱き包み、守ってくれるのです。

炉の火を囲んで、男はやがて始まる狩りのための準備をしたり、生活のための道具を作り、そこに細かな彫刻で模様を彫り込みます。女は縫い物をし、美しい刺繍をほどこす仕事や、イテセ(ゴザ編み)、サラニㇷ゚(袋)作りに精を出します。

子どもたちは、女の子であれば母親の手仕事を見ながら、きれいにならした炉の灰の表面にアイヌ刺繍の文様を写し取ります。灰の表面に火ばしを使って書いては消し、書いては消しながら、文様を覚え込むのです。男の子は、父親のする道具作りや彫刻を見よう見まねでやってみます。それが多少いびつだったり不格好であっても、一つ作り上げると、おとなたちは「アㇱカイ、アㇱカイ＝上手だ、上手だ」とほめてくれます。そうやって、子どもたちは生活のための技術を身につけていくのです。

アイヌ文様

冬の炉端では、男も女も手仕事に励み、手元から美しい文様が生みだされていきます。アイヌ文様は、木製の生活道具への彫刻と、衣類などへの刺繍に分かれます。彫刻と刺繍、立体と平面という特性から、デザインそのものに違いがあり、文様がもつ意味あいにもいくらか違いがあるようです。

アイヌは「ものには魂がある」と考えます。だから、たとえば一枚のお盆を作るとき、木の塊から形ができあがり、お盆として使えるように仕上がると、お盆に魂が宿ったと考え、粗末には扱いません。

さらに、そのお盆をより強くし、お盆の魂が悪い神や魔物に負けて朽ちてしまわないように、表面に彫刻をほどこし、力強く美しい文様の力で悪霊を追い払おうとします。日常の生活用具に大胆さと細やかさを合わせもった文様が彫り込まれているのは、そのためなのです。

本当に優れた彫刻をほどこされると、その文様が人間を救うために闘うことさえできると考えられました。たとえば、「英雄のユーカㇻ」の主人公ポイヤウンペ（一八〇～一八三ページ参照）が身につけている刀には、柄に「ホㇽケウ・カムイ＝狼神」、鍔《つば》には「カンナ・カムイ＝雷神」が彫り込まれています。物語のなかでポイヤウンペが絶体絶命という危機に陥ったとき、その刀から狼神と雷神が飛び出してきて敵と闘い、主人公を救う場面があります。心の正しい人間が精魂込めて彫りあげた文様には、神様さえ宿ると考えられたのでしょう。

また、女の人が刺繍して作り出していく文様には、身につけた人を災いや魔神(とくに病魔)から守る役割があります。

絵や写真でアイヌの伝統的な衣装を見るとよくわかりますが、文様が入っている位置には一定のパターンがあります。大小やデザインの違いはあっても、襟、裾、袖口、そして背中に、必ず文様がほどこされています。それらの場所が一番無防備で、魔神が侵入しやすいため、文様によって防ぐのです。とくに、背中は自分では見えないところですから、文様の力でいつも守ってもらわなければなりません。背中にひときわ目立つ大胆な文様が刺繍してある着物が多いのは、そのためです。

アイヌ刺繍の文様はとても複雑に見えますが、基本はいくつかの素朴な形です。刺《とげ》、網、矢などが原形と思われる模様に、モレウと呼ばれるうず巻きが加わり、それらの組み合わせで文様が広がっていきます。基本形が身を守ったり、獲物を捕らえる模様でできていることからも、文様の目的がはっきりわかるでしょう。

文様を展開させる技法や使う材料はさまざまで、地域によって特徴的なパターンがあるように思われます。その違いは、それぞれの地域の和人や北方民族、ロシア人との交渉の歴史を知るうえでも、興味深いものです。

クマ狩り

二月は旧暦では一月にあたりますから、「トゥエタンネチュプ＝日が長くなる月」と呼びました。冬至が過ぎ、少しずつ日が長くなっていきます。

二月に入ってから降る雨を「キムンカムイポ・フライェプ＝山の神の子どもを洗う雨」とか「キムンカムイポ・ソシケ＝山の神の子どもの産湯」といいました。この雨は、冬眠していたクマが子どもを産み、人間が堅い雪の上を自由に歩きまわれるようになる合図で、男たちの狩りが始まります。穴にこもっている親グマを射て、産まれたばかりの子グマを連れ帰るのが、この季節に行われた「穴グマ狩り」です。

狩りに出かける前に、家の中で火の神、家の守り神にカムイノミをし、祈り言葉を捧げます。

「火の神様、家の神様に申し上げます。これから私(私たち)はキムンカムイ(山の神＝クマ)をお迎えにまいります。山におられる猟の神様に、あなた様からお知らせを願います。どうか多くのクマにめぐり会うように、またクマが暴れずにおとなしく迎えられるようにしてください。そして、私(私たち)が病気することも怪我することもなく、たくさんの獲物を得て帰ることができるように、お守りくださいますよう、猟の神様にお伝えください」

狩りには一人で行くときも数人で行くときもありますが、犬はできるだけ連れて行きました。クマの穴を発見したり、クマを攻撃するときに、犬が果たす役割はとても重要だからです。

下端を尖らせ、上端が二股になった長さ約二メートルの山杖（エキムネ・クワまたはキムン・クワと呼ぶ）でクマの穴と思われるところを探り、確かめながら山を歩きます。クマは同じ穴で冬籠りはめったにしませんが、冬眠する自然環境はだいたい決まっているので、一つの穴を毎年違うクマが使う場合もあります。だから、それぞれの家庭では、クマが使いやすい穴を父から子、孫へと、家族の専有財産のように伝えてきました。

また、クマは冬眠に入る前に、穴の近くの立ち木に爪で傷跡をつけ、自分のテリトリーであることを同族に知らせる「チセ・シロシ＝家の印」「カムイ・ニシルシ＝クマの木印」を残していることがあります。そういう穴を順番に探りながら歩いているうちに、中にクマが入っている穴に出会うのです。クマのいる穴を探し当てると、近くから直径一〇〜一五センチの立ち木を伐って丸太を作り、入口に数本立てて柵のようにするか、十文字に立てて、クマが出られないようにします。それから穴の前に座り、神に感謝の祈りを捧げました。

「この穴を発見し、所有するのは、○○村の○○の息子で○○という者です。カムイは暴れ狂うことなく、自分の矢を受けて静かに神の国に帰ってください」

こうした内容を言い、やがて怒ったクマが入口から出ようとするときに矢を放つか、槍で突きました。矢にも槍にもトリカブトの根から作った毒スㇽクが塗ってあるので、二〇〜三〇分でクマは倒れます。絶命したことを確かめたら、外へ引き出し、クマの傍に座り、次のようなあいさつの言葉を述べます。

「自分を選んで訪れてくれたことに感謝します。これからわが家に帰って美しいイナウもあげるし、美味しいお酒もご馳走するから、喜んでください。なお、この近くにいるあなたの同族には、なるべく私たちを訪れるように伝えてください」

クマを仕止めた場所がコタンの近くであれば、応援を求めてコタンまで運び下ろします。遠く離れた場所であれば、その場で解体しました。簡単なヌササン（祭壇）を作って飾り、頭の部分――クマの魂が、耳と耳の間にいると考えられました――を安置して、感謝の言葉を述べ、無事に神の国へ帰れるように祈ります。こうして山で捕ったクマの魂を送ることを「カムイ・ホプニレ＝神の出発」と呼び、子グマの魂を送る「イオマンテ」とは別の儀礼と考えました。山での儀礼が終わるとコタンへ下ります。穴に産まれたばかりの子グマがいた場合には、いっしょに連れ帰り、親グマを射止めた人の家で育てました。

コタン近くまで下りてくると、火の神に知らせるために「イペレサンナー＝クマが行くよー」とか「オホホホホー」と喚声をあげます。すると、コタンの人びとは外へ出て「オノンノ、オノンノ＝よかったナー」とか「オノノノー」と声をあげ、手を叩いて迎えるのです。家の東側の窓（神窓）から数人でクマの頭の部分を室内に入れ、炉の正面に安置して火の神と対面させます。そして、火の神にお酒とともに祈り言葉を捧げ、感謝と報告を伝えてから、解体したクマの肉や内臓を村人たちに分配しました。

狩り――とくにクマ狩りは、祈りに始まり、祈りで終わる神聖な行為です。人間が生きるためには、他の多くの生命を奪わなければなりません。動物であれ植物であれ、大きな生き物であれ小さな生き物であれ、その生命と引き替えに、人間は生きていくことができます。「人間は、他の生き物によって生かされている存在である」ということを、アイヌは決して忘れませんでした。「クマの神が、人間のために毛皮を身にまとい、たくさんの肉を携えて訪れてきてくれるのだから、ありがたく毛皮や肉をいただいて、魂を神の国に送り返してあげなければならない」というのが、クマ狩りを支えるアイヌの思想です。

クマが冬ごもりの穴から出た後の猟は、足跡をたどって風下から接近し、毒矢で射止めます。気づかれずに射程距離まで接近するためには、クマの性質や状態を的確に判断することが大切です。とくに、オプクワという槍で仕止めるのは、クマが襲ってくるほど人間に接近した状態ですから、習性を熟知していなければ、勇気だけではできません。知里真志保博士が記録した八三のクマの名前（三〇ページ参照）は、そういう必要からつけられたのでしょう。

イオマンテ

イオマンテ(イヨマンテ)は「クマ祭り」と訳されることが多いのですが、それは正しい表現ではありません。「イ・オマン・テ＝それ・行く・させる＝それを送る」のですから、「それ」がクマであったり、シマフクロウやキツネなどの場合もあるし、長年使った道具類(鍋や椀など)が壊れても「オマンテ＝送る」したものです。人間の身近にいる(ある)ものが生命を失うときに、魂を元の国(神の国)へと送り返す行為の総称を、イオマンテと呼びました。

「チロンヌプ・オマンテ＝キツネの霊送り」や「コタンコロカムイ・オマンテ＝シマフクロウの霊送り」が早い時期に途絶えたのに対して、「キムンカムイ・オマンテ＝クマの霊送り」だけは、野蛮だという理由で、時の為政者による度重なる禁止令(江戸幕府＝一七九九年、開拓使＝一八七二年と一八七六年、北海道庁＝一九五五年。二〇〇七年撤回)が公布されても、こっそり各地で行われてきました。さらに、それがお祭りのように盛大に行われるところから、いつの間にかイオマンテが「クマ祭り」という名前で知られるようになったのでしょう。

クマ狩りのときに捕らえた子グマは、連れ帰って「神の子」として大切に育てました。乳やおかゆで育て、大きくなって力がついてくると、ヘペレセッと呼ぶ丸太の小屋へ移されます。こうして一〜二年間(雄グマは三年の場合もある)飼われた後の冬(一二〜一月)に、「キムンカムイ・オマンテ」によって生命を失い、魂が神の国へ帰って行くのです。だからイオマンテというのは、人間にとっては預かっていた神の子を魂(霊)にして解き放つ厳粛な儀式であり、クマにとっては自分の故郷(神の国)へ帰る喜びのときだと、アイヌは考えていました。

子グマを飼育するのは、人間の国のお客としてコタンの生活を見聞し、体験してもらうためです。神である子グマの霊は人間の国に肉や毛皮を置き、代わりに人間からもらったお土産をたくさん背負い、神の国へと戻って行きます。そして、そのお土産をふるまって、まだ人間の国へ行ったことのない神たちに、人間の国の面白さや神々を大事にするコタンの人びとの様子を話し、他の神たちが人間の国を訪れる気持ちにさせてくれるのです。

霊によって生命が復活・再生することを信じるイオマンテは、人間を取り巻くすべての霊(神)たちに、誠実に丁重に対応しながら、厳粛ななかにも華やかに行われます。準備を含めると一週間にも及ぶ行事は、コタンの人びとが全員で取り組み、近隣のコタンからも人びとを迎えて行われる、盛大な催しです。

ヌササンには数多くのイナウが飾られ、供物になるご馳走も盛りだくさん。歌や踊りがにぎやかに続き、美しい文様が刻まれたヘペㇾ・アイ(花矢)が何十本となく神の子である子グマに射かけられ、やがて神の子はこの世での生命を失って神の国へ旅立って行きます。アイヌだけでなく、北方圏に住む諸民族に共通して行われるクマの霊送りを「残酷だ」という一面的な見方で判断するのは、正しくないでしょう。

シカ狩り

広大な草原を埋めつくすほどたくさんいたシカは、かつてのアイヌの生活ではサケとともに主食とされるほど大切な食料でした。「獲物」一般を指す「ユㇰ」がシカの呼称として定着していることからも、「鍋を火にかけてからシカを捕りに行っても間に合ったもんだ」と冗談に言うくらい身近に豊富なシカがいたころの生活が想像できます。

アイヌのシカ狩りの方法を、藤原英司氏の『北加伊ェゾシカ物語――北海道の環境破壊史』では次のように大別しています。(1)動的な狩り、(2)静的な狩り、(3)運任せの狩り。

動的な狩りは、ハンターが自ら身体を動かして獲物を狩りたてる猟法で、さらに六つに分けられます。①自ら弓矢を持って追いかける。②犬を使って狩り立てる。③シカ笛で呼び寄せる。④丸木舟を使って狩る。⑤水中に追い込んで狩る。⑥崖から追い落とす。

静的な狩りには、次の四つがあります。①逆とげを用いる。②シカ垣を作る。③シカ小屋を造る。④仕掛け弓を使う。

運任せの狩りというのは、深雪や沼にはまり込んで動けなくなったシカを見つけて狩るもので、「棚ぼた猟法」とでもいうべきものです。

ただし、これらの猟法は、はっきりと区別しきれるものではありません。動と静、動と運が混じりあって行われることもあったようです。

弓の矢に毒を塗る場合も塗らない場合もありましたが、いずれにせよ射程距離の短い弓でシカを射止めるには、相当近くまで接近する必要があります。そこで、シカを追いつめたり、狩り出したりするのに犬を使い、おびき寄せるためにシカ笛を吹きました。

丸木舟を使った猟には、二つの方法があります。シカを水に追い込んでおいて丸木舟を漕ぎ出し、追跡して泳いでいるシカを仕留める方法と、物陰に隠れて待ち伏せ、シカが自分で水に入って泳ぎ出したときに丸木舟を水上に押し出して追っていく方法です。追い込み猟は、「シカ落としの崖」と呼ばれる崖に、コタン中の人間が一斉にシカを追いつめて飛び降りさせ、足を折ったシカを仕留めました。北海道内のあちこちに適した崖があり、「鹿追」などという地名が残っています。

「けもの道」といわれるように、動物が自らのテリトリーを移動するときは、たいてい決まった道を通ります。シカも、「シカ道」と呼ばれる踏み固められた道を歩きます。

シカ道のやぶ蔭などの斜面に、丸太を切って槍のように尖らせた杭を立て、走ってきたシカを刺して捕るのが、「エエンニ、ヨーコニ＝逆とげ」を用いる方法です。シカ垣の猟法は、そのシカ道を一定の方向に囲って垣を作り、シカが気づかないうちに囲い込んでしまいます。また、シカ道の近くに屋根をかけた仮設小屋を造っておき、大雪が降った後で雪を嫌ってその中に入り込んだシカを槍などで突いて捕らえるのが、シカ小屋の猟法です。

「アマッポ＝仕掛け弓」は、水平に固定した弓に毒を塗った矢をつがえておき、先のほうまで張った糸に引っかかると矢が放たれるように仕掛けられた猟具です。仕掛ける高さによってクマ用とシカ用があります。間違って人間が引っ掛かって事故が起きないように、必ず目印をつけておきました。

こうした動的・静的いずれの猟法も、シカの性質や行動のパターンを熟知していなければ成り立ちません。「シカを知る」ことが成功のための絶対的な条件でした。シカの呼称が数多くあったのは、猟を成功させるためと種の保存のために、呼び分け、捕り分ける必要があったからなのです。

しかし、こうした伝統的な猟法でアイヌがシカ狩りをできたのは、一八七六(明治九)年まででした。一四五ページで述べたように、この年に公布された「鹿猟規則」によって、伝統的猟法は禁止されたからです。アイヌの猟区や狩りのルールを無視して山中をわが物顔に歩き回る和人たちが仕掛け弓に掛かる事故が続発したのが、その理由でした。以後は、冬の一定期間に鑑札料を払って許可を受けた者だけが、鉄砲によるシカ猟を行えることになります。

資源保護という名目で制定されたこの法令は、アイヌから主食としてのシカを奪っただけで、和人ハンターによるシカの乱獲は止められませんでした。一八七五(明治八)年には七万枚以上のシカ皮を輸出し、美々《びび》(千歳市)にあった官営シカ肉工場では一八七八〜八〇年に一二万個のシカ肉の缶詰を生産したのです。さらに、一八七九年に北海道を襲った記録的な大雪の際は、深雪で動けなくなったシカの群れを人間たちが殺し、絶滅に近い状態まで激減させました。

その後、法律はシカの禁猟と解禁を繰り返しましたが、アイヌの伝統猟法は一度も許可されません。私たちヤイユーカラの森は特別捕獲の許可を環境庁から得ようと交渉を粘り強く続け、ようやく一九九四年に許可されました。こうして約一二〇年ぶりに伝統猟法が復活したのです。

ヤイユーカラの森が復活した鹿狩りは、追い込み猟です。二〇～三〇人が散らばってシカのいる雪原を包囲し、人の輪からシカが逃げ出さないように注意を払いながら、ハンターが銃を持って待つ地点まで追い込んで行きました。古い記録やお年寄りからの聞き伝えによってしか知ることができなかった追い込み猟を、さまざまな制約を受けながらも実現したこの鹿狩りは、大きな意義をもっていたと考えています。

口承文芸

少しずつ日が長くなってきたとはいっても、まだまだ続く冬の夜長に、コタンの人びとは囲《い》炉裏《ろり》を囲んで、エカシ(おじいさん)やフチ(おばあさん)が語るユーカㇻ、ウェペケㇾ(昔話)に耳を傾けたものです。文字をもたなかったアイヌにとって、民族の知恵や精神を教え、後世に伝えていく最良の手段は、口伝えに伝承してきたユーカㇻやウェペケㇾでした。

中国の文字「漢字」が朝鮮半島を経て日本に入ってきたのは、五世紀です。日本最古の歴史書「古事記」は、稗田阿礼《ひえだのあれ》という語り部の伝承を太安万呂《おおのやすまろ》が文字に移して、西暦七一二年に完成しました。それまでは、和人社会でも口伝えによる伝承がすべてだったのです。カタカナ・ひらがなという日本独自の文字が使われるようになったのは、八〇〇年ごろでした。階級分化に伴う支配・被支配の関係ができる以前の社会では、文字は必ずしも必要なものではありません。

古代の和人社会では語り部が特定の家系によって代々受け継がれる職業だったのに対して、アイヌ社会では職業の分化はなく、口承文芸の伝承もすべての人びとによって行われてきました。とはいっても、何にでも得手不得手があります。ユーカㇻを語るのに優れた人がどのコタンにも一人か二人はいて、語り部の役を務めることが多かったようです。

「ユカㇻクㇽ＝ユーカㇻをする人」と呼ばれた人びとは、一つの話を語るのに一晩では終わらないような長大なユーカㇻをいくつも覚えていたのですから、いま思うとおそるべき記憶力です。あるお年寄りが「文字を使うようになってから、アイヌは頭が悪くなった」と言っていました。これは、書いた文字に頼ることのマイナス面を言い当てていると思います。

数種類あるアイヌの口承文芸について、あらためて簡単に紹介しましょう。知里真志保博士はアイヌの(口承)物語文学を「韻文物語＝ユーカㇻ」と「散文物語＝ウェペケㇾ」に大別しました。

韻文は、一定のリズムをもった詩の形の文章です。ユーカㇻは独特の言葉(雅語)で、歌のようにリズムとメロディをもって語られる物語なので、叙事詩(詞曲)と訳されます。一方、散文物語の代表はウェペケㇾです。こちらは日常使われる言葉(散文)で、あまりリズムやメロディにとらわれずに語られます。

ユーカㇻは、「神のユーカㇻ(神謡)」と「人間のユーカㇻ(英雄詞曲)」に大きく分かれ、さらに神のユーカㇻが「カムイユカㇻ」(カムイユカㇽ)と「オイナ」に分かれると、知里博士は分類しました。現在では、この分類が一般的です。

一見とてもむずかしそうな印象を受けますが、要点さえのみこめば、そうでもありません。韻文で謡われるか日常語で語られるかが一つのポイントです。そして、韻文は「登場するのが誰か」がポイントで、主人公によって三つのうちどのユーカㇻなのかがわかります。

神のユーカラ

神のユーカラのうちカムイユカラは、動物神、植物神、物神、自然神が主人公となり、自らの体験を一人称で語るものです。動物神には、クマ、オオカミ、キツネ、シマフクロウ、シャチ、ヘビ、カエル、沼貝、そしてクモやホタルなどの虫まで含まれます。植物神はトリカブトやオオウバユリなど、物神は舟や錨、自然神は火の神、風の神、雷の神などです。

カムイユカルは比較的短く、動物神が主人公となった物語が多くあります。動物神は神の世界では人間の姿をして暮らしており、人間の世界を訪れるときに動物の姿になるので、人間と動物の両方を合わせもった神々といえるでしょう。

カムイユカルとオイナに共通している特徴は、語るときに「サケヘ」という繰り返しの言葉が入ることです。文節ごとに、あるいは物語の区切りごとに、かけ声のように決まった文句が繰り返されます。サケヘは物語の主人公によって違い、その特徴から誰の(何の)ユーカラであるかわかるものが多いようです。ユーカラは初めに「私は何者か」を言わずに物語が始まることが多く、ほとんどは最後に「……と、クマの神が自ら語りました」と、その正体を告げます。それで、聞いている人びとはサケヘの特徴から主人公を想像するしかないのです。

トロロフムポ　ア・コロ・エカーシ　　私のおじいさん

トロロフㇺポ　クンネ・ヘーネ　　夜でも
トロロフㇺポ　トカㇷ゚・ヘーネ　　昼でも
トロロフㇺポ　セトゥル・セセッカ　　背中をあぶり
トロロフㇺポ　ケシト・アン・コㇿ　　毎日のように
トロロフㇺポ　ケシパ・アン・コㇿ　　毎年のように
トロロフㇺポ　オカ・アナイネ……　　私たちはいた……

――萱野茂『カムイユカㇻと昔話』より

このユーカㇻの主人公「私」がムジナ(タヌキ)であることは最後にわかり、「私のおじいさん」はクマであることもわかるのですが、「トロロフㇺポ」というサケへからそれを知っていると、物語を聞いているときの興の乗り方が違うでしょう。

ユーカㇻの数に匹敵するほどたくさんあるサケへは、動物であれば鳴き声や動作の特徴からつけられたものが多く、物神や自然神の場合はその神の性格を表すものが多いようです。「フウェー・フウェー＝クマ」「ウウー・ワ・テンル・テンル＝オオカミ」「トーロロ・ハンロク・ハンロク＝カエル」「ハンキリキリ＝ネズミ」などは動物神、「アペメル・コヤン・コヤン(火の光り・上る・上がる)＝火の神」「フム・パク・パク(ごろごろ・ぴかっ・ぴかっ)＝雷神」は自然神です。また、ヘビのサケへには、次のように長いものもあります。

「シュマトゥム・チャシチャシ・トワトワト・ニイツム・チャシチャシ・トワトワト＝石原

さらさら駆けぬけた、木原もさらさら駆けぬけた」。

カムイユカㇻを一つ紹介しましょう。これには「オワイ・オワイ・トゥールルケ＝知らぬ存ぜぬと言い続ける」というサケへがついていますが、それは省略して荒筋だけを伝えます。タイトルは、「月の中に人間がいるわけ」です。

〈少年に水汲みをさせると、面倒くさがって小刀を出し、炉縁を叩いて言った。「炉縁だから水を汲まなくてもいいなんて、うらやましいな！」。それから外へ出て、戸口の柱を叩き、「柱だから水を汲まなくてもいいなんて、うらやましいな！」と言いながら川へ下りていったが、戻ってくる様子がない。しばらくして私が川へ下りていくと、少年も手桶の姿もなかった。

私は棒のように立ちすくんでいたが、少年の行方はわからない。そこへウグイの群れが川を上ってきた。少年の行方を彼らに尋ねると、こう言いながら行ってしまった。

「少年はわれらをいじめて『尻の穴のような口を持っている奴ら』と言った。憎らしいから、どこへ行ったか教えてやらない！」

続いてアメマスの群れが上ってきた。再び少年の行方を尋ねたが、「少年はわれらをいじめて『尻が木の燃えさしのようで、尻に斑点のある奴ら』と言ったので、どこへ行ったか教えてやらない！」と言って、上って行ってしまった。

今度はサケの子の群れが川を上ってきた。やはり少年の行き先を尋ねると、こう答えた。

「少年はわれらに『神魚の子よ！　黄金の小魚よ！』と言ったので、行き先を教えてあげよう。少年は水汲みを面倒くさがったものだから、月の神が怒って捕まえた。ほらごらん、月の中に立っているよ！」

大空を見渡すと、なるほど少年は手桶を持って月の中に立っていた。

だから、末の世までも決して、水汲みをいやがってはいけません！〉

このカムイユカㇻは、どんな神が謡ったのかはっきりしませんが、アイヌの考えでは月の中にいるのは手桶を持った少年であるということがわかって、面白いユカㇻです。

神のユーカㇻにはもう一つオイナがあります。サケへが入るのは同じで、主人公は自然神から人格神（神として生まれたが、人間の国に定住し、神の知恵や力を人間に授けると考えられたようです）に変わります。「天地創造」の物語に登場した、人間の始祖と考えられているアイヌ・ラックル（オイナカムイ、サマイクル、オキクルミなど、地域によってさまざまな名前で呼ばれます）が、人間社会に害をなす魔神を懲らしめて、人間生活の基礎を固め、人間を幸福にする物語です。アイヌ・ラックルは「人間くさい神様」という意味で、神でありながら人間的な要素もたぶんにもち、人間の幸福のためには神々にも協力させながら獅子奮迅の働きをします（一五五ページ参照）。

知里真志保博士は、形式はカムイユカㇻと同じでありながら、主人公の役割や位置付けが大きく違うオイナが生まれたのは、アイヌ社会の大きな変化（生産力の向上や強い指導者の出現など）が基盤になっていると推論しました。

人間のユーカラ――ポイヤウンペの闘い

神のユーカラの主人公は、自然神や人格神でした。これに対して人間のユーカラの主人公は人間で、各地に伝えられている物語に登場するのは、決まって一人の男性です。ポイヤウンペという名前の少年が成長し、青年となってから、アイヌに災いをもたらす悪人たちと闘って人びとを救うというのが、人間のユーカラに共通するモチーフ。「英雄詞曲」とも呼ばれるのは、そのためです。ポイヤウンペという名前は「ポン・ヤウン・ペ＝小さい・本土・人」のことで、本土というのはこの場合、北海道を指します。

物語はポイヤウンペの一人称叙述形式で進行し、カムイユカラやオイナと違うのは、語りのなかにサケヘがないことです。また、カムイユカラやオイナは、物語が数十語から六〇〇〜七〇〇語であるのに対して(まれに一〇〇〇語を超えます)、人間のユーカラは短くても一編四〇〇〇〜五〇〇〇語で、数万語に及ぶものも珍しくありません。

その長大な物語を一人で歌うように語っていきます。長い場合は一晩では語り切れず、何日にもわたって語り続けたそうです。独特の美しい言い回しの物語を、節をつけて語りながら、「レプニ」という三〇センチ程度の木の棒で炉縁を叩き、一定のリズムをつくっていきます。聞き手もレプニを打ったり、「ヘイ！ヘイ！」とか「ハップ！ハップ！」とかけ声をかけて、語り手のリズムを助けました。これをヘッチェといいます。各地に伝わっている物語の基本形を紹介しましょう。

〈トミサンペッのシヌタプカという土地に立つ立派な山城に、主人公の少年がイレス・サポ(育ての・姉)と呼ぶ女性に育てられていた。そこは天と地の間の高いところにあり、少年は成長するにしたがって下界のことが知りたくなって、ある日姉の目を盗んで山を下りていく。

アイヌの住む世界に下りたポイヤウンペは、善悪さまざまな人びとに出会い、いろいろな事件に遭遇する。また、そのなかで初めて、自分の生い立ちや両親、兄弟たちのことを知る。

ポイヤウンペの母は、高い天の上に住む狼神の妹だった。人間ではあるが知恵と勇気に優れたポイヤウンペの父に恋をして、下界へ下りて結婚し、子どもを産んだ。ところが、それを嫉妬し、憎んだ人間に夫を欺し討ちによって殺され、悲しみのあまり天上へ帰ってしまった。残されたポイヤウンペは、母違いの姉の手でシヌタプカの山城で大切に育てられたのである〉

それから、ポイヤウンペの復讐や悪人たちとの闘いがあり、そのなかで出会った美しい

女性との恋愛も含めて、波瀾万丈の物語が展開します。そして、すべての悪を倒したポイヤウンペが新妻を伴ってトミサンペッのシヌタプカへ帰るところで物語は終わるのです。

狼神の妹を母に、人間を父にもつポイヤウンペは、神の子であるにもかかわらず人間として位置づけられています。オイナにおける人格神アイヌ・ラックルが神として位置づけられ、その闘いは人間を救うものとして描かれているのに対して、ポイヤウンペの闘いは、同胞を救うための人間の闘いです。なかには、アイヌ・ラックルとポイヤウンペが混同された伝承もあります。これは、二人の英雄を一体にして語られたことがあり、それが残ったせいでしょう。

そういう混同が起きるくらい、ポイヤウンペの闘いぶりが人間離れしているのは事実です。闘いは地上だけではなく、天空や海中、地の底にまで及び、その間を縦横に飛びまわり、駆け巡って行われます。闘う相手も人間にとどまりません。人間を守っている憑《つ》き神も登場し、人神が入り乱れた壮絶な戦闘が繰り広げられます（人間にはそれぞれ固有の守り神が憑いていて、困難に陥ったときには現れて救ってくれると考えられていました。ポイヤウンペの憑き神は、雷神と狼神とされています）。

何より人間のユーカㇻを特徴づけているのは、ポイヤウンペが闘う相手にあります。「アトゥイヤ・ウン・クㇽ＝海の人」「レプン・クㇽ＝沖の人」「サンタ・ウン・クㇽ＝山丹人」（樺太や中国大陸北部のウリチ、ニブヒ、オロチなどの民族。彼らを経由して入手した清朝の官服は、蝦夷錦と称して高価に取引きされた）という、はっきり異民族とわかる人びとを敵とし、「イヨチ・ウン・クル＝余市人《よいち》」「イシカリ・ウン・クル＝石狩人」「オヤルル・ウン・クル＝生振《おやふる》人」などを味方にして戦闘が行われるのです（余市・石狩・生振は、北海道内の地名）。

また、海からやって来る敵が弁財船に乗ってきたり、「トゥイマ・サンタ・ウン・クル＝遠い・山丹人」という敵は、牛の尻尾のような髪の毛を背後に垂らしています。これは明らかに弁髪の大陸人であることを意味しており、ポイヤウンペが闘ったのは「ヤウン・モシリ＝本土＝北海道」への侵入異民族であることがわかります。

知里真志保博士は、一三世紀ころまでにアイヌ民族が経験した異民族との戦争を、その後の時代に人間のユーカラという歴史物語として完成させたと推論しました。これには批判や異論も出されましたが、いずれにしてもある程度の実体験がなければ物語り得ない内容が人間のユーカラにはあります。アイヌにとって「民族の歴史」を表す真実が含まれていることは間違いないでしょう。

韻文物語＝ユーカラに対して、散文物語＝ウェペケレは、日常使われる言葉で語られる、短い物語です。ウェペケレは「互いの消息を尋ね合う」という意味で、「うわさ話」「よもやま話」になりますが、この本では「昔話」と訳しました。

ウェペケレも、「カムイ・ウェペケレ＝神々の昔話」「アイヌ・ウェペケレ＝人間の昔話」「ペナンペ、パナンペ・ウェペケレ＝川上の男と川下の男の昔話」「シサム・ウェペケレ＝和人の昔話」というように、内容によって分かれています。

白い鳥の神

天気の変わりやすい晩秋のある日、急に風と雨が強く吹きつけてきたかと思うと、雷とともに大粒のあられが降ってきたことがあります。そのときいっしょにいたアイヌのフチ(おばあさん)が「いまカンナカムイ(雷神)が通っている。こういうときは何もしないもんだ」と言って、仕事の手を休めていました。そのフチは、「昔はカンナカムイが村に来たときは外で桑の枝を燃やして煙を出し、家があると知らせたもんだ」とも話してくれました。

一九九三年に九八歳で亡くなったフチが子どもだったころの記憶ですから、一〇〇年くらい前のことでしょう。雷の神が人間の暮らしを心配して、ときどき村の上まで見に来てくれていると信じていたアイヌの人びとの心根が伝わってきます。

冬を前にシベリアから北海道へ渡って来るのが白鳥です。「レタッチリ＝白い鳥」「レタッチリ・カムイ＝白い鳥の神」と呼ばれ、冬期間おもに道東の不凍湖で過ごします。現在は根室の風蓮《ふうれん》湖が有名ですが、石狩川や勇払《ゆうふつ》原野(苫小牧地方)、室蘭や洞爺湖にも飛来し、ウェペケレや唄が数多く残されてきました。「神の鳥よ、干した魚や開き干しの荷物くださいよ」という石狩川筋の古い唄は、保存用の干しサケ作りに忙しい初冬の人びとの暮らしをしのばせます。

大型の白鳥は冬の食料としても大切にされ、くちばしから足の先まで余すところなく利用されました。そして、頭の骨にイナウをつけて、生まれ変わってくるようにという祈りとともに川に流したといいます。雪と氷に覆われた長い冬を人間の間近で過ごすので人間との交流を物語る伝承が多く、次の話もそのひとつです。

〈昔あるところの大きなコタンが、他国から攻め込んできた夜盗のために全滅してしまう。すべての家が焼き払われた後に、一人の男の子だけが残されて泣いていたが、救ってくれる者もなく、死を待つばかり。そこへ一人の女の人が現れて子どもを助け、別の土地に移り住んで育てた。その子どもが成人したとき、二人は夫婦になり、たくさんの子どもをもうけて、コタンを復活させることができた。子どもを助けた女の人は天上に住む雌の白鳥で、彼女は目的を果たすと元の姿に戻り、沼の中の群れに戻って行った〉

これと同じパターンで、白鳥の雌が人間に姿を変えて子どもやコタンを救う話は、各地に伝承されてきました。アイヌの女性が遠く離れた恋人(夫)のもとへ、白鳥に姿を変えて飛んで行くというヤイサマ(自分の心を述べる叙情歌)もあり、人間の国の悲しみや苦しみに泣いた白鳥の声を模して、アイヌの歌声が生まれたのだと説明する人もいます。

樺太(サハリン)では白鳥が鳥のなかでもっとも大切にされ、その鳴き声を出しながら踊ったり、「レタッチリ・ハウ＝白鳥の声」というトンコリ(五弦琴)の曲があったそうです。また、空を飛ぶ白鳥の鳴き声をムックリ(竹製の口琴)の音にして響かせたともいわれています。

アイヌの楽器

アイヌがどんな楽器を使っていたのかを知ることは、アイヌ文化が形成された道筋を理解する目安にもなります。そこで、アイヌの楽器を簡単に紹介しておきましょう。

知里真志保博士がアイヌの楽器として記録しているものは九つあります。①パラライキ＝蝦夷琵琶と称する三弦琴。②ウマトンコリ＝蝦夷胡弓。③トンコリ＝五弦琴。④ムックリ＝竹製の口琴。⑤カチョー＝太鼓。⑥レㇷ゚ニ＝ユーカㇻを演ずるときに炉縁を叩いて拍子をとる棒。⑦イパㇷ゚ケニ＝鹿笛。⑧コサ笛＝木の皮を巻いて作った笛。⑨チレㇰテクッタㇽ＝ヨブスマソウの茎を吹いてラッパのように鳴らす。

パラライキはロシアのバラライカと同じで、大陸(シベリア)から樺太へ伝わり、アイヌの手に渡ったのでしょう。ウマトンコリは中国の伝統音楽や日本の雅楽に使われている胡弓。やはり大陸から樺太へ伝わり、馬の尻尾を弓の弦に使うところから名づけられたのでしょう。馬が入ってきてからの命名だとすれば、かなり新しい時代の渡来であることがわかります。

トンコリは樺太アイヌの演奏が知られています。樺太と北海道のアイヌが盛んに交流するようになってから、おもに道北で使われるようになりました。最近になって復元技術が進み、演奏される機会が多くなった楽器です。

アイヌの楽器としてもっとも有名なのはムックリ。「アイヌ唯一の楽器」と誤った紹介がされるほど、よく知られています。細く薄い竹片の中央に切り抜かれた板(弁)を、しばった糸を引いて振動させ、口にあてて口腔で共鳴させて演奏するもので、同じ構造の楽器は世界中に点在しています。竹を使ったものは東南アジアの民族に多く、ヨーロッパやオセアニアでは金属製を使いました。

カチョーはおもにウィルタやニブヒなどの北方民族がシャーマン(巫者)の儀式に使い、樺太アイヌの生活に浸透しました。トナカイやアザラシの皮を張った一枚皮の太鼓は、北米のイヌイットが使う太鼓とよく似ています。そのバチに使う棒だけが独立して使われるようになったのが、レㇷ゚ニです。

イパㇷ゚ケニは、楽器というよりはシカ狩りのための道具で、コサ笛のほうが楽器らしく思えます。ただ、私はまだその音色を聞いたことはありません。チレㇰテクッタㇽは、楽器というよりは子どもの遊びに使われることが多かったようです。

こうしてアイヌの楽器をみてくると、北海道アイヌが独自に生みだした楽器は、ごくわずかであることがわかります。いずれも大陸からさまざまな民族を経て、樺太や千島列島を通って北海道へ渡来し、定着しました。世界の民族文化が、多くの他民族との交流によってつくられ変化してきたように、アイヌの文化もまた、周辺の大陸や島々の異民族文化と接触し、入り混じるなかから形成されてきたことが、楽器という分野だけからもよくわかります。

カラスとカケス

三月（旧暦二月）は「ハプラプチュプ＝空から小鳥の声が聞こえてくる月」です。もっとも、カラス、スズメ、カケスなどは、季節とかかわりなくいつも家のそばで姿を見かけます。ユーカラやウェペケレに数多く登場するのは、カラスとカケスです。

カラスの総称は「パシクル＝走る人」。ピョンピョン跳ねる姿が、走っているように見えたのでしょう。賢い（あるいはずる賢い）鳥で、鳴き声で人間にいろいろなことを教えてくれると考えられました。くちばしの太いハシブトガラスと細いハシボソガラスのどちらも、物語に登場します。「シ・パシクル＝糞ガラス」と呼ばれるハシブトガラスは人間に嫌われていたようで、悪いカラスとして語られることが多く、「カララク」と呼ばれるハシボソガラスは頭も器量も良く、「シラリワク・カムイ＝磯に住む神」とも呼ばれて、大切にされました。

同じカラス科に属するカケス（ミヤマカケス）は雄弁家であるといわれ、雄弁（あるいはおしゃべり）な神として登場します。他の鳥、ネコやイヌの鳴き声をまねることから、イメージされたのでしょう。「エヤミ」「パルケウ」「パルケウ・カムイ」と呼ばれ、シカの群れの上で鳴き騒いで人間にシカの居場所を教える神として、「ポンチカプ・ホプニレ＝小鳥の旅立ち」という霊送りをするほど大切にする地域もありました。

カラスとカケスが登場するユーカㇻを、知里真志保博士の訳文から紹介しましょう。「フクロウ神が所作しながら歌った神謡」で、一句ごとに「コンクワ」というサケへがついています。

〈年老いたフクロウ神が神の国へ談判をさせるために雄弁な者を求めていると、カラス男が名乗り出てきた。そこで使者の口上を言い聞かせていると、三日目になると居眠りを始めたので、怒って殴り殺してしまった。その次に自信たっぷりにやって来たカケス男も、四日目まで聞いたところで居眠りを始めたので、殺してしまった。三番目にやって来たカワガラス男は慎み深い様子で座り、疲れた風もなく熱心に聞いていて、六日目にすべての口上を聞き終ると、神の国へ向かって飛び立って行った。

フクロウ神の談判は、人間の世界にシカも魚もいなくなり飢饉で苦しんでいるのに、天上の神たちは何をしているのかという内容だった。何日かたって帰ってきたカワガラスが言うには、天上のシカや魚の神が下界にシカや魚を下ろさなくなったのは、人間が捕らえたシカや魚を粗末に扱ったので怒っているせいだという。

そこで、フクロウ神が人間の夢の中に現れて神の怒りを教えた。人間たちは行いを改め、シカや魚を丁重に扱うようになったので、神々はシカも魚も充分に下界に下ろすようになる。年老いたフクロウ神はそれを見て安心し、神の国へと帰って行った〉

アイヌにとって六は無限数ですから、「六日目」というのは「何日も、何日も」という意味です。このユーカㇻは、知里幸恵の『アイヌ神謡集』でも美しい訳文を読むことができます。

復活したタンチョウ

三月二一日は春分の日。仏教では彼岸《ひがん》の中日ですから、お墓参りに出かける家も多いと思います。此岸《しがん》(迷いの、この世)から河を隔てた彼岸(悟り・理想の、あの世)へ到達することを意味する、日本の仏教独特の考えから生まれた習慣のようです。でも、それよりは、この日を境に昼の時間が夜よりも長くなっていくという、春を迎えた喜びに満ちた祝日だと思います。西日本では「彼岸桜」が咲き始めたことでしょう。

二〇〇六年一月に北海道中で行われた生息数調査では、道内のタンチョウ(丹頂鶴)は一〇八一羽でした。一九五二年には三三羽にまで減少しましたが、その年に特別天然記念物に指定され、阿寒町(現在は釧路市)や鶴居村での給餌活動によって数が増えはじめ、釧路湿原を中心に通年で姿を見られるようになったのです。釧路市丹頂鶴自然公園をはじめとする保護活動の、五〇年以上にわたる努力の成果です。

タンチョウは日本で繁殖する最大種の鳥で、翼を広げると二メートルを越し、姿の美しさは「サロルン・カムイ＝湿原にいる神」の名に恥じません。野外では二〇～三〇年生きると推定されています。他のツル類と同様に一雌一雄で生活し、つがいが永続するのがふつうです。カップル間の情愛の深さは格別で、事故などで死んだ連れ合いの傍から離れようとせず、カラスやキツネが死体を突こうとすると、羽根を広げ、身体を張って守ろうとするといいます。

そんな姿を見ていたせいなのか、アイヌは「ツルは人間と同じで、死んでも生き返ることができない」と考え、霊送りをしなかったそうです。また、クマとたいへん仲が悪いといわれ、羽根を広げて敢然とクマに立ち向かっていくとか、人間がクマに襲われたときにタンチョウの名前を呼んで、着物のすそをつかんで羽根のように広げると、クマは逃げていくという伝承が残されています。理由や真偽のほどはわかりませんが、昔のアイヌはタンチョウの姿や習性に、どこか神秘的な力を感じていたのでしょう。

「ツルの舞い」とされる踊りが、各地に伝承されています。釧路地方では、向かい合った女性二人が着物の裾をつかんで背中に広げ、羽根のように揺らしながら踊ります。石狩地方では、立て膝をして着物の袖を広げ、羽ばたくように動かすしぐさを、その後ろに座った人がまねしながら、やがて二人とも立ち上がって大きく腕を羽ばたかせます。親鳥がひな鳥に飛び方を教えているように見えるものです。湿原のタンチョウが一羽で、あるいは数羽で羽根を広げ、宙に飛び跳ねながら羽ばたいている姿をよく見かけます。何をしているのかはわかりませんが、私たちにはアイヌの女性たちが踊る「ツルの舞い」とオーバーラップして映ります。

餌場に撒かれるトウモロコシばかりではなく、氷が解けはじめた湿原の川でドジョウや貝をついばむことのできる季節が、すぐそこまでやってきました。「暑さ寒さも彼岸まで」。やがて、春です。

難読地名が多い理由

馬主来・十弗・押帯・嫌侶・止若・白人・別奴・音調律。それぞれ、何と読むでしょうか？北海道内を電車や車で走っていると目につく標識に書かれたこれらの文字は、地名です。昔のアイヌは狩猟や交易のために、広い範囲にわたって移動していました。そして、山や川、特徴的な地形にはすべて名前をつけました。旅をするために覚えている必要があったからです。

幕末の探険家、松浦武四郎が地図や旅行記に書き残した地名は約九〇〇〇に及びます。地域ごとに、住んでいるアイヌから聞き取って記録したものですから、当然すべてがアイヌ語です。日高管内平取《びらとり》町に住んでいた萱野茂さんは、平取周辺の武四郎による記録と現在のアイヌ語地名の数を比較して、全道のアイヌ語地名は四万五〇〇〇以上あったと推測しています。

松浦武四郎は聞き取った地名をそのままカタカナ表記で残しましたが、明治時代になって移住してきた和人は、アイヌ語を漢字に置き換えて表すようになりました。初めに並べたのが、その一例です。全国には、地元の人でなければ読み取れない地名が多くありますが、北海道ほど判読が困難な地域はないでしょう。すべては、アイヌ語を漢字で表記するという無理な作業が原因です。

「馬主来《ばしくる》・パ゚シクル＝カラス（カラスがたくさんいる湿地帯）」「十弗《とおふつ》・トー・プッ＝沼の・口」

「押帯《おしょっぷ》・オ・シュオプ＝川尻・箱(のようになっている)」「嫌侶《きろろ》・キロ・ル＝山・道」「止若《やむわっか》・ヤム・ワッカ・ナイ＝冷たい・水の・川」「白人《ちろっと》・チロット＝鳥多くいる沼」「別奴《べっちゃろ》・ペッ・チャロ＝川の・口」「音調律《おしらべつ》・オ・シラㇽ・ペッ＝川尻に・岩がある川」……。解読できた名前がありますか？

　山や川の特徴が名前になっていますから、初めて訪れた土地でも名前を聞くことさえできれば、水や食料を得たり、安全な通行ができました。「シ・ペッ＝本当の(大きい)川＝士別《しべつ》・標《し》別《べつ》」や「ポロ・ペッ＝大きな川＝幌別《ほろべつ》」の近くには必ず「ポン・ペッ＝小さな川＝本別《ほんべつ》・奔《ほん》別《べつ》・穂別《ほべつ》」があり、「ポン・ペッ」や「モ・ペッ＝静かな(子どもの)川＝紋別《もんべつ》・門別《もんべつ》・捫別《もんべつ》」があれば、傍らを大河が流れているというように、川を対比させてつけられた地名が多いのも特徴です。これは、かつては人の移動や物の運搬が川を中心に行われていたことを教えてくれます。

　また、道北の稚内は「ヤム・ワッカ・ナイ＝冷たい水の沢」で、飲み水に恵まれた土地であることがわかり、そこから四〇キロほど離れた稚咲内《わかさくない》は「ワッカ・サㇰ・ナイ＝飲み水・ない・沢」で、人が住むには適さない土地であることを教えてくれます。地名は、アイヌが生活するうえで欠かせない情報源でした。

　アイヌの文化を残していくためには、漢字をあてられたために本来の意味がわからなくなってしまった地名をカタカナ表記に戻すことも必要だと思います。

音が意味をもつアイヌ語

世界の約六七億人の使う言語の数は約六〇〇〇といわれます。使われる範囲や規模はさまざまで、数十人や数万人が使う少数言語から、数億人が使う言語まであります。言語を民族の特性と考える立場もありますが、それだけでひとつの民族を規定するのは危険でしょう。

かつて数万人のアイヌによって使われていたアイヌ語は、幕末期以来の同化政策によって急速に使い手や使われる地域が減少し、いまでは日常的には使われなくなってしまいました。文字をもたなかったことをアイヌ語が衰退した理由にあげる人もいますが、文字の有無は言葉の存続にはほとんど無関係といっていいでしょう。現に世界の言語のうち、独自の文字を使うものは半数もないだろうと思われます。生活習慣や教育などの環境が、アイヌから言葉を奪ったのです。

「アンコㇿイタㇰ＝われわれ自身の言葉」の使用を禁止され、「シサㇺイタㇰ＝和人の言葉」の使用を学校で強制されてから、すでに一〇〇年以上。それでも、北海道各地でアイヌ語の会話や伝承を守り続けてきた人びとが、数は少なくとも確かにいました。また、聞き取りしながらアイヌ語の研究を続けてきた学者や研究者もたくさんいます。そういう人びとによってアイヌ語はカタカナやローマ字に表記され、誰でも読むことができる形で残されてきました。

現在ではアイヌ文化を取り戻す運動の中心にアイヌ語の回復を位置づけ、現存する伝承者や記録書、和人の研究者の協力も受けながら、自民族の言葉を学ぶアイヌの学習の場が増えてきています。やがて、ごくふつうにアイヌ語による会話が行われる場所が出現し、和人も含めてそこでアイヌの伝統的な知恵を身につけられるようになるでしょう。

アイヌ語の特徴は、単語を音に分解でき、それぞれの音が意味をもっていることです。「チ＝我ら」と「セッ＝寝床」がいっしょになって「チセ＝家」という単語になり、「ウ＝互いに」と「パシ＝走る」で「ウパシ＝雪」になります。

自然界を観察して的確な命名をしたアイヌは、人の心や生きるべき道についても深い考察に基づいた言葉を生みだしました。たとえば「こんにちは」は、アイヌ語では「イ・ラム・カラプ・テー＝それ・思い・触れる・ますよ＝あなたの心に(そっと)触れさせていただきます」となります。「さようなら」は「スイ・ウ・ヌカラ・アン・ロー＝再び・互いに・見る・ある・ましょう＝またお会いしましょうね」です。

「悩み考える」ことを「ヤイ・コシラム・スイェ＝自分の・心を・揺らす」という表現は、アイヌの奥深い心を感じさせます。北海道方言のようになった「チャランケ」は、文句を言うという意味合いで使われますが、本来の意味は「ウコ・チャロ・ランケ＝互いに・言葉を・下ろす」で、武力で物事を解決せず、対等に論じあって解決するという、アイヌ社会の基本にかかわる言葉でした。言葉とともに、そこにこめられた思いが取り戻されることを願っています。

アイヌの歴史(一)——一四世紀まで

日本の歴史書に初めてアイヌと思われる人びとが登場するのは、『日本書紀』の六五八年、阿倍臣《あべのおみ》が朝廷の命を受け、本州北部の蝦夷を討ちに遠征したという記述です。同じ年、阿倍比羅夫《あべのひらふ》が粛慎《みしはせ》を討ったと書かれ、翌年には阿倍臣が一八〇隻の水軍で蝦夷国に遠征したともあります。『日本書紀』の記述の精度については疑問がありますが、このころ阿倍臣が日本海北辺で盛んに活動していたことと、それが統一国家づくりを進める大和朝廷の指示であったことは事実でしょう。

問題は、『日本書紀』に出てくる「渡島《わたりしま》」「弊賂弁島《へろべのしま》」「胆振鉏《いぶりさえ》」などの地名が東北地方にあったのか北海道なのかがわからないことと、蝦夷と呼ばれている「胆鹿嶋《いかしま》」「菟穂名《うほな》」などの人名がアイヌだったのかどうか判断がつかないことです。「後方羊蹄《しりへし》」という地名も記載され、北海道の後志《しりべし》地方には阿倍比羅夫にちなんだ比羅夫という町もあります。けれども、阿倍比羅夫がここまでやって来たとは考えにくいというのが定説です。

蝦夷や粛慎がどんな人びとを指すのかも判然とはしていません。必ずしも異民族を呼んだものではなく、当時の朝廷に逆らう人びとを蝦夷(エゾ、エミシ、エビス)といい、東北地方に土着していた続縄文人とも考えられます。アイヌと共通の文化をもつ人びとだったのかもしれません。そして、このころ津軽海峡は人や文化を隔てる壁になってはいなかったことが、海峡を挟んで残る遺跡群や遺物から推察されます。その後、八～九世紀に東北の蝦夷「アザマロ」や「アテルイ」が朝廷に対して戦ったと『続日本書紀』や『日本紀略』に記述されていますが、やがて本州は大和朝廷によって制圧されました。

文献に初めて「アイヌと思われる人びと」の記述や絵姿が現れたのは、一四世紀に書かれた『諏訪大明神画詞《すわだいみょうじんえことば》』あたりからとされています。考古学的には「擦文時代《さつもん》」（八世紀末～一三世紀）と呼ばれるころには、アイヌ文化がすでに形成されつつあり、本州の和人文化やオホーツク文化の影響を受けながらも、それらとは異質の文化が北海道内につくられていたことを、遺跡から発掘される遺物が物語っています。

ユーカラやチャシ（砦）というアイヌを特徴づける文化要素が、一三世紀ころから各地で生まれ、それに伴って信仰を核にした精神文化もまた、形づくられてきたのではないでしょうか。そうした理由で、この時期以降を「アイヌ期」と呼ぶ人もいます。けれども、文化は決して止まることなく変化し、少なくとも北海道という島内だけでも地域差や時間差が生じていることを考えると、歴史のなかの一時期を単純に「アイヌ期」という言葉でくくってしまうのは危険でしょう。

国の権力が貴族から武士の手に移り、戦国時代を迎えると、東北での権力争いに破れた安東氏などの武力集団が北海道へ移り住み、やがて松前藩の成立へと、時代は変わっていきます。

アイヌの歴史(二)——松前藩の成立と支配

松前藩最古の歴史書『新羅《しんら》之記録』は『古事記』や『日本書紀』と同じように粉飾された記述が多いとはいえ、一七世紀中ごろまでの蝦夷地の様子——和人とアイヌの動向——が詳細に記録されており、資料としては貴重です。その後は津軽藩の『津軽一統《いっとう》志《し》』など和人の史書や文献資料が多くなり、アイヌの歴史を記録から知ることができるようになります。

『新羅之記録』には、一四五七年のアイヌの蜂起について「一四五六年、志濃里《しのり》の村で鍛冶屋が作ったマキリ(小刀)の切れ味や値段のことでアイヌの少年と鍛冶屋が争い、鍛冶屋が少年を刺し殺したのが発端」とあり、このころに道南に多くの和人が住みつき、鍛冶屋村もできていたことがわかります。翌年コシャマインをリーダーとして、道南の和人集団が拠点としていた一二の館《たて》を襲い、一〇を攻め落とした大蜂起については、「武田信広がコシャマイン父子を射殺し、多くのアイヌを殺して戦いは終わった」という内容の一行があるだけです。その前後の記述の詳細さとの比較から、信広による欺し討ちだったのではないかという人もいます。

ともあれ、この武田信広を藩祖として、四代後の一五九三(文禄二)年、松前藩が成立します。以後一八六九(明治二)年の廃藩置県まで、幕末の一時期幕府が直轄で統治した期間(二回、三四年間)を除く約二四〇年にわたって、蝦夷地とアイヌを松前藩が支配しました。

一六〇四(慶長九)年、徳川家康が松前氏に与えた黒印制書《こくいんせいしょ》には「蝦夷地に出入りする商人その他の者は、いちいち松前藩の許可が必要」とあり、これを破る者は松前藩が処罰してもよいとされています。自由な交易が禁止され、松前藩とその傘下にいる商人たちの収奪にさらされるアイヌの経済生活は、この和人の「法」によって定められたのです。

狩猟・漁撈・採集・小規模農耕を基本として自給自足の生活をしてきたアイヌは、本州の和人や樺太、千島列島の諸民族との交易によって生活を豊かにし、独自の民族文化を形成してきました。自由な往来と物流が、アイヌの生活文化を支えていたともいえます。松前藩による蝦夷地の完全支配と入島・通行・交易の制限は、アイヌの生活基盤を奪いました。

松前藩の勢力が弱く、狭い「和人地」と広大な「アイヌ地」に住み分けができていた時期には、アイヌ側主導で交易が行われていました。しかし、松前藩の勢力拡大とともに「和人地」が広がり、藩に庇護された商人たちが「アイヌ地」にまで入り込むようになってからは、〈交易〉が〈収奪〉へと変わっていきます。シャクシャインの戦い(一六六九年)やクナシリ・メナシの戦い(一七八九年)のような大規模な武装蜂起以外にも無数の小蜂起があったことが、和人の記録に残されています。

米の獲れない蝦夷地を二五〇年近く支配し、栄華を尽くした松前藩が依存したのは、唯一、商業行為でした。藩財政を支える商品はアイヌからの収奪によって集められ、さらにアイヌを奴隷労働に追いやることで確保されたのです。

アイヌの歴史(三)――分断支配から無主地へ

世界中の先住民族が、後住の侵略者とその政府(国家)の支配下に組み込まれ、抑圧されていく過程は驚くほど同じで、「権力による分断支配」です。松前藩の対アイヌ政策もまったく変わりません。松前藩に従うアイヌには優しく、逆らうアイヌには過酷にあたって、アイヌ間に際立った差をつけ、柔順な者だけを手厚く待遇しました。後者が「お味方アイヌ」です。

松前藩にとって最大の不安は、アイヌが団結して自民族の独立をめざし、蜂起することでした。藩といってもごく小藩で、足軽や小者(雑用に使われる者)を含めても兵力は三〇〇人足らずです。当時約二万人と考えられていたアイヌが一斉に武器を持って立ち上がれば、ひとたまりもなく蹴散らされてしまうのは明らかでした。幕府もそれをよく知っていたので、シャクシャインの戦いに際して東北三藩(津軽、秋田、南部)に出兵を命じたのです。津軽藩は実際に兵を動かし、松前藩に貸すための鉄砲・弾薬とともに松前城下まで行きました(兵を動かす前に戦いが終わりました)。

それほどもろい権力の支配が、なぜ二五〇年近くも続いたのでしょうか。ひとつは、アイヌはコタンや地域ごとに小集団で暮らしているうえに、狩りのための道具はあっても、武器としてそれを持って戦う習慣がなかったからです。加えて、松前藩や幕府の「分断支配」が巧妙だったことに大きな原因があるでしょう。

藩財政を握った大商人が経営する「請負場所」での奴隷労働と飢餓、病気の流行でアイヌ人口が激減する幕末の蝦夷地を探険した松浦武四郎が書いた『近世蝦夷人物誌』には、当時のアイヌ社会の実態が細かく描かれています。八四・八五ページで紹介した「(恋人に会うために)鳥になりたい　風になりたい」と歌うヤイサマ(叙情歌)は、こうしたなかから生まれました。

やがて一八六七(慶応三)年、大政奉還によって徳川幕府の時代が終わります。幕府脱走軍による五稜郭《ごりょうかく》戦争が終わって、蝦夷地が北海道と命名されたのは一八六九(明治二)年八月一五日のことでした。明治維新という、日本という国がひっくり返ったような大変換期を迎えて、北海道のアイヌはどう変わっていったでしょうか。

一八七二(明治五)年、戸籍法によってアイヌに和人風の姓名をつけることが強制され、日本国民として戸籍に編入されました。けれども国は、北海道の土地すべてを「無主地《むしゅ》」(所有者のいない土地)として国有財産とします。そのうえで「北海道土地売貸規則」「北海道地券発行条例」「北海道土地払下規則」「北海道国有未開地処分法」などの法令を次々に公布し、和人移住者や企業、団体に、無償かそれに近い価格で土地を払い下げました。「北海道へ行けば、土地がただでもらえる」と移住者が全国から殺到したのは当然です。

この地の主人公だったはずのアイヌは、住んでいる土地さえも「官有第三種地」に編入され、一片すら自分のものにはできませんでした。

アイヌの歴史(四)――「北海道旧土人保護法」による同化政策

一八七八(明治一一)年、国はそれまで土人、アイヌ、蝦夷などと呼ばれていた名称を官庁用語に関しては「旧土人」と統一する布達を出しました。アイヌは以後、公的には「旧土人」と呼ばれるようになったのです。その差別性の強さは驚くべきことですが、官庁の書類では長くこの名称が残り、完全に解消されたのは一九六〇年代になってからでした。

すべての土地と資源を奪われ、シカ猟やサケ漁も禁止されたアイヌの生活は、困窮の一途をたどります。国は同化政策をとり、アイヌ語や生活習慣を禁止して和人と同様の生活を強要しましたが、生活基盤の安定策はほとんど行いませんでした。わずかの土地や漁場が与えられても、和人に欺し取られるケースが大半だったのです。

そんな苦しい生活のなかでも、アイヌは困っている和人の移住者を助けました。初めて入った土地を案内してもらったり、野山にある食料を教えられたり、樹皮や草から糸を取る方法を教わった開拓者が多かったのです。貧しさのため子どもを育てられずにアイヌの家庭に引き取ってもらったり、アイヌの家の戸口に赤ん坊を置き去りにする和人も多かったといいます。アイヌなら必ず大切に育ててくれることを、彼らは知っていたのです。こうしてアイヌに育てられて成長し、アイヌ文化の伝承者となったお年寄りが各地にいました。

一八九九(明治三二)年、国は「北海道旧土人保護法」を制定し、困窮するアイヌを「保護」しようとします。ところが、二つの柱からなるこの法律の目的は同化政策の推進で、決してアイヌの助けになるものではありませんでした。

第一は、農業の希望者には一戸について約五ヘクタールを上限に土地を与えるというものです。ところが、申請して与えられた土地の大部分は荒れ地や山地、河川敷で、農業には適さないところでした。しかも、一戸あたり平均二・五ヘクタールしか給付されず、さらに一五年たっても開墾されない土地は没収されます。初めて体験する農業経営を悪条件下で成功させられたアイヌは、ほとんどいませんでした。三六三五戸に給付された九〇六一ヘクタールのうち、アイヌの手に残った土地は一五一八ヘクタール(一七%)にすぎません(一九七五年の調査)。

第二は、子どもに教育を受けさせるというものです。しかし、和人とは別の学校を作り(「土人学校」と呼ばれた)、和人の子どもより一年後の七歳からの入学とし、社会科と理科は教えないという差別的な内容です。一九三七(昭和一二)年に廃止されるまで続いたこの学校がアイヌの子どもたちに教えたのは、アイヌ語を忘れさせることと天皇への忠誠心でした。

「北海道旧土人保護法」は、「アイヌ文化の振興並びにアイヌの伝統等に関する知識の普及及び啓発に関する法律」(略称「アイヌ文化振興法」)の成立(一九九七年)と同時に廃止されました。九八年間、「保護」を名目にアイヌを呪縛してきた同法がアイヌとその社会に与えたマイナスの影響は、きわめて大きなものであったといえます。

アイヌの歴史(五)——奪われた権利の回復へ

世界の歴史のなかで繰り返されてきた「ジェノサイド＝集団殺戮」を代表するのは、第二次世界大戦中にナチス・ドイツが行なった六〇〇万人のユダヤ人虐殺です。特定の少数・先住民族を根絶やしにしようとする「エスノサイド＝民族皆殺し」も、世界中で繰り返し行われてきました。明治期、国や開拓使がアイヌに対してとった政策は、そのエスノサイドの性格を帯びています。土地や生業をすべて奪い、コタンごとに助け合いながら生きてきたアイヌの伝統的な暮らしを圧殺しようとしたのです。

制定の目的に反して、「北海道旧土人保護法」はアイヌを救い、保護する結果にはなりませんでした。法律によって農業を強制され、皇民化教育を押しつけられ、伝統的な習慣を禁止されたアイヌは、民族としてのアイデンティティを失い、いや応なしに和人化せざるをえませんでした。とくに大正から昭和にかけては、「これからはシャモ(和人)の世の中だから、一日も早くアイヌを捨てて和人になり切るのだ」と、自らの伝統や民族性を否定する生き方が大半でした。

第二次世界大戦の敗戦(一九四五年)は、帝国主義から民主主義の国家へと日本を変え、アイヌのなかにも奪われた民族性を取り戻そうとする運動が生まれます。和人と同じ生活を送りながらも、伝統文化を復活させ、継承・発展させようという活動が、ゆるやかではあっても始められてきました。

アイヌ語やアイヌ文化を研究する学者たちの多くは、「アイヌはすでに滅び去った民族」であるとか「滅びゆく民族」であると言ってきました。日常的にアイヌ語を話したり、アイヌ風の生活をしていない人びとは、アイヌではないというのです。また、観光地で働くアイヌを見て、その姿だけがアイヌであると考える人びとも数多くいます。

しかし、一九七〇年代から世界の先住民族による先住権回復運動が盛んになると、アイヌのなかにも差別からの解放、先住民族として奪われた権利を取り戻そうという運動がつくられてきました。とくに、八〇年代に入って国連の人権委員会が「先住民族の権利宣言」の起草作業にかかってからは、アイヌもその会議に参加して議論に加わるようになりました。八四年には、アイヌ最大の組織北海道ウタリ協会が「アイヌ民族に関する法律・案」(アイヌ新法)を作り、その制定と「旧土人保護法」廃止を求めて、国への要求運動を行うようになったのです。

国連の定めた「世界の先住民の国際年」(一九九三年)を経て、九七年に国が制定した「アイヌ文化振興法」はアイヌの存在を「文化」においてのみ容認するという趣旨で、国内に「民族」として存在し続けているアイヌを対象としてはいません。法律の目的は、「アイヌ語、音楽、舞踊、工芸その他の文化的所産」と定義されたアイヌ文化の振興と普及であり、そこに携わるのがアイヌである必要は求められていないのです。「アイヌ文化」に直接かかわりのないアイヌは、その存在さえ否定されたことになります。新たな「エスノサイド」ではないでしょうか。

アイヌの歴史(六)——先住民族としての誇り

「アイヌ文化振興法」が施行されて一〇年が過ぎた二〇〇七年九月一三日、アイヌと世界の先住民族にとって大きなできごとがありました。

一九八五年に国連人権委員会作業部会が草案作成に着手してから二二年かかって、「先住民族の権利に関する国際連合宣言」が、国連総会で採択されたのです。宣言では「土地(資源)に対する権利」「集団的自決権」「文化(言語・信仰)を維持・発展させる権利」が認められ、奪われた諸権利に対する「国家補償」が求められることが明確にされました。「法的拘束力はないが、草案起草から二十二年を経て、アイヌ民族ら世界の先住民族は初の国際的な「権利の章典」を獲得した」(『北海道新聞』二〇〇七年九月一四日)のです。

アメリカ、カナダ、オーストラリア、ニュージーランドが反対し、ロシアなど一一ヵ国が棄権。日本は賛成したものの、「『国連宣言』には先住民族の定義がなく、アイヌ民族が同宣言にいう先住民族であるかどうか結論をくだせる状況にない」という見解を明らかにしました(九月一四日・町村信孝外務大臣、一〇月三日・福田康夫総理大臣)。また、町村外務大臣は、「日本国憲法は『集団の権利』を認めておらず、したがって(民族の)自決権や財産権も認められていないことを説明したうえでの賛成だった」と語っています。

とはいえ、国連宣言の採択後には世界各地で先住民族をめぐるさまざまな動きがありました。一一月にボリビアでは、宣言の条文を国内法と同等に位置づける法律を公布。一二月にはアメリカのラコタ（スー）諸族が、政府と締結した諸条約からの離脱を発表し、「われわれは、もはやアメリカ市民ではない」と、「ラコタ国」発足を宣言しました。

そして二〇〇八年二月、国連宣言に反対したオーストラリアで、政権交替直後に新首相が議会に提出した「オーストラリアの先住民族への謝罪」動議が採択されます。一七七〇年のイギリスによるオーストラリア大陸への領有宣言から今日まで続けられてきた先住民族に対する収奪、虐殺、民族差別のすべてについて謝罪し、賠償を行い、和解への道を歩き始めることを宣言したのです。さらに六月には、やはり宣言に反対したカナダの首相が、これまでの先住民政策の一部（強制隔離教育制度）が誤りであったと認め、先住民族への謝罪を発表しました。

こうした動きは、日本政府にも影響を与えはじめます。アイヌによる「先住民族認定」を求める働きかけもあって、超党派の国会議員による「アイヌ民族を先住民族とすることを求める決議」が提出され、二〇〇八年六月六日に衆参両院本会議で可決されました。外交政策上、対外的にはアイヌを日本国の先住民族であると主張することはあっても（たとえば、一九一一年の「北太平洋のオットセイの保護に関する条約」締結にあたって、アイヌにもアリュートやインディアン同様に先住民族の権利としての狩猟権を要求した）、国会の議決によってアイヌが先住民族と位置づけられ、政府がそれを受け入れるのは、初めてのことです。

もちろん政府には、決議を受け入れざるをえない事情と思惑がありました。二〇〇八年七月七~九日、北海道洞爺湖で開催されるG8サミット（先進国首脳会議）の議長国として、国連宣言に賛成した国としての体面を保たなければならないというのが最大の理由です。サミットのテーマである「地球温暖化防止」に対して、内外で言われている「環境・自然の保全に先住民族の思想と知恵を生かそう」という思潮を無視するわけにはいきません。それで、サミット直前にこうした決議が行われ、そのニュースが世界に発信されたわけです。

この決議を受けて「有識者懇談会」がつくられ、今後のアイヌにかかわる施策を検討していくことになるでしょう。そこから生まれる諸施策が、アイヌ文化振興法のようないびつな内容にならないことを願います。

とくに、アイヌ文化振興法では意図的に排除された「土地（資源）に対する権利」「集団的自決権」（「国連宣言」）がどんな形で施策に反映されるかは、最大の焦点になるでしょう。さらに、これまで歴史的に侵害・収奪されてきた、先住民族アイヌに対する謝罪と国家補償がどのように行われるかも、注意深く見守っていかなければなりません。

アイヌは今日まで、一つの国やそれに順ずる一つの集団をつくってきませんでした。しかし、今後はアイヌ民族集団として統一された組織——あるいは連合体——として、国家に対峙していく必要があります。

第二次世界大戦後の一九四六年につくられた「北海道アイヌ協会」は、停滞した活動を活性化するために再建されたときに、名称を「北海道ウタリ協会」に変更しました(六一年)。多くのアイヌが、「アイヌ」と呼ばれて差別されてきた記憶から逃れられず、結集するためには「ウタリ(同胞)」という名称を選ばざるをえなかったからです。

けれども、二〇〇八年五月に開かれた総会で「北海道アイヌ協会」への名称変更が提案され、やがて実現します。多くのアイヌが、アイヌであり、アイヌと呼ばれることに誇りをもてる時代を取り戻すときがやってきました。

世界中の先住民族が、「国連宣言」を拠りどころに権利回復の闘いを続けているように、アイヌもまた新たな闘いを始めなければなりません。

世界の先住民族

「先住民」についての定義はいくつかありますが、一般的には次のように考えられています。
「先住民とは、別の地域から異文化、異なった民族的起源を有する人びとがやってきて、地元住民を支配、定住その他の手段によって圧倒し、彼らの人口を減少させ、被支配的な立場、もしくは植民地的な状況へ追い込んでしまった時代に、現在の居住地域かその一部地域に生活していた人びとの現存する子孫たちのことである」

国連加盟の世界一九二カ国(二〇〇八年現在)のうちほぼ半数の国々に、三億〜四億人の先住民が生活し、世界人口の六%を数えます。国や地域は違っても、世界の先住民はほぼ同じような歴史を今日までたどってきました。土地(海域をも含む)を神聖なものと考え、すべての生命がそこに依存している大地を私有することなく生きてきたのが、先住民です。それゆえ、後住(侵略)してきた非先住民に土地のすべてを「無主地」とされ、生存の根拠を奪われた歴史は、世界中に共通しています。

一四〜一七世紀、ヨーロッパ諸国によって始められた海外進出は、「新大陸発見」「新領土獲得」をめざして、新航路の開発とともに地球上のすべての海を席巻していきました。「大航海時代」と呼ばれる時代に世界の海を航海したヴァスコ・ダ・ガマ、クリストファー・コロンブス、フェルナンド・マゼラン、エルナン・コルテス、ジェームズ・クックなどの名前はよく知られています。彼らが「発見した」とされた土地はヨーロッパ諸国によって植民地にされ、住んでいた人びとは宗主国に隷属することを強いられるか、殺戮されました。
そして、一八世紀のイギリスで始まった産業革命はヨーロッパ諸国の工業生産力を飛躍的に発展させ、原材料の確保と販路の拡大のため、各国の植民地争奪戦は激しさを増していきます。その結果、世界規模の戦争へと進んでいき、苦しめられるのはいつも、最底辺に追いやられた先住民だったのです。

さらに、第二次世界大戦が終わり、世界中が民主主義による新しい世界をめざしているように思われたときも、植民地と先住民が解放されたかというと、決してそうではありません。大国は資源の独占と軍事上の優位性を守るために、新たな植民地支配を広げていきました。土地と人間に対する収奪は加速し、地球環境の破壊が続けられて、今日に至っています。

いま世界の先住民の復権運動は、単に先住民(人間)が生きる権利を回復するだけでなく、大地や植物、動物の生きる権利を守り、回復するための闘いであることによって、大きな広がりをもちはじめました。「近代文明」が収奪の限りを尽くした大地や海、破壊し、殺し続けた植物や動物たち……。「進歩」の名のもとに人間が行ってきた行為のつけが人間にはね返ってきているのは、明らかです。

あるときC・W・ニコルさんが若いころ北極で出会ったイヌイットのおばあさんの話をしま

した。一万年前の氷河からマンモスが発見されたとき、誰も知らなかったその毛皮の使い方を、入れ墨をした九〇歳の彼女が教えてくれたというのです。彼女は長いマンモスの毛であや取りをし、マンモスの姿をつくりながら、こう言いました。

「昔々、こういう動物がいた。その毛でロープをつくったり、ブーツの中に入れた」

一万年前に生きた人びとの知恵は、伝承によって甦ります。これからの地球を救うのは、世界中の先住民の知恵かもしれません。

「世界の先住民の国際年」(一九九三年)に続いて、翌九四年から「世界の先住民の国際一〇年」が始まり、二〇〇五年からは「第二次世界の先住民の国際一〇年」が始まりました。そして、〇七年に「先住民族の権利に関する国際連合宣言」が国連総会で採択されたのです。多くの先住民をかかえるアメリカ、カナダ、オーストラリア、ニュージーランドが採択に反対しましたが、オーストラリアとカナダはその後変化を見せつつあります(二〇七ページ参照)。

課題や困難をかかえつつも、世界の先住民が新しい時代を迎えたことは間違いありません。

あとがき

折にふれてはアイヌ・プリ（アイヌの風習）やアイヌの知恵を私に話してくれたエカシやフチたちの多くが、先祖の暮らす神の国へ旅立ってしまいました。その姿を見たり、声を聞くことができなくなったのは、寂しいかぎりです。それでも、野山や川、儀式、踊り、火を囲んでの食事や歓談、そして子どもたちとのキャンプなど、さまざまな場面に思い出され、甦ってくるエカシ、フチの言葉や仕草の意味合いと大切さが身にしみてわかってくる年齢に、私もなりました。

「倒木更新」と呼ばれる現象を、森の中で見るときがあります。地面に落ちた樹木の種は笹などに日光をさえぎられ、雪腐れ病菌に侵されて、多くは成長できません。けれども、苔むした倒木の上に落ち、親木の滋養分を吸い上げ、日光にも恵まれて成長していく種もあります。北海道ではエゾマツやトドマツに多く見られ、屋久島では屋久杉がよく知られるこの倒木更新を目の当たりにしたときの感動は、忘れられません。親木の上で一列に並び、懸命に根を張り、枝を伸ばそうとしている若木たち。やがて、その根は親木を越えて大地を深くとらえ、伸びた枝はかつての親木をしのぐ高みにまで至るのでしょう。

人の営みはみなこのようであろうとは思いながら、とりわけアイヌについてはその思いを強くします。種まかれた環境が厳しいからこそ、親木の愛は強く、深いものがあるのだと……。

はじめは「北の歳時記」と考えていたタイトルを、「北の彩時記《いろどき》」に変えました。そのときから、なんだか妙に楽しくなってきました。季節が華やかに彩《いろど》られてくるような、風景が彩《あざや》かに色づいてきたような、そんな気持ちになりました。読んだ方々も、そんな彩《いろどり》を感じてくださることを願っています。

「ヤイユーカラの森」の仲間である挿絵のかじさやかさん、装丁の須田照生さん、そして、私の憑き神（らしい）「トランネ・カムイ＝怠け神」を追い払って机に向かわせてくれたコモンズの大江正章さんに、深く感謝いたします。

季節やものに即してまとめられたエカシやフチの言葉や知恵にこめられたアイヌのこころを、読者それぞれが自らのこころにしていただければ、これにまさる喜びはありません。

二〇〇八年七月

計良光範

〈著者紹介〉
計良光範（けいら・みつのり）
1944 年　北海道蘭越町生まれ。
現　在　ヤイユーカラの森運営委員長。北海道教育大学非常勤講師。
主　著　『アイヌの世界』(明石書店、1995 年)、『講座 差別の社会学第 4 巻 共生の方へ』(共著、弘文堂、1997 年)、『新版近代化の中のアイヌ差別の構造』(共著、明石書店、1998 年)、『ハンドブック国際化のなかの人権問題〔第 4 版〕』(共著、明石書店、2004 年)。

北の彩時記
二〇〇八年八月一〇日　初版発行
著　者　計良光範
挿　絵　かじさやか
装　丁　須田照生

発行者　大江正章
発行所　コモンズ
東京都新宿区下落合一-五-一〇-一〇〇二
TEL〇三（五三八六）六九七二
FAX〇三（五三八六）六九四五
振替　〇〇一一〇-五-四〇〇一二〇
info@commonsonline.co.jp
http://www.commonsonline.co.jp/
印刷／理想社・製本／東京美術紙工
乱丁・落丁はお取り替えいたします。
ISBN 978-4-86187-050-7 C0095

＊好評の既刊書

みみず物語 循環農場への道のり
●小泉英政　本体１８００円＋税

森のゆくえ 林業と森の豊かさの共存
●浜田久美子　本体１８００円＋税

菜園家族21 分かちあいの世界へ
●小貫雅男・伊藤恵子　本体２２００円＋税

目覚めたら、戦争。 過去《いま》を忘れないための現在《かこ》
●鈴木耕　本体１６００円＋税

徹底検証ニッポンのＯＤＡ
●村井吉敬編著　本体２３００円＋税

北朝鮮の日常風景
●石任生撮影・安海龍文・韓興鉄訳　本体２２００円＋税

バイオ燃料 畑でつくるエネルギー
●天笠啓祐　本体１６００円＋税

どこへ行く（クオ・ヴァディス）？
●花崎皐平　本体１０００円＋税